Schritt für Schritt
in Alltag und Beruf 1

Niveau A1.1

Deutsch als Zweitsprache
Kursbuch und Arbeitsbuch

Daniela Niebisch
Sylvette Penning-Hiemstra
Franz Specht
Dörte Weers
Monika Bovermann
Angela Pude

Hueber Verlag

Beratung:
Ulrike Ankenbrank, München
Anouk Teskrat, Hamburg

Für die hilfreichen Hinweise danken wir:
PD Dr. Marion Grein, Johannes Gutenberg-Universität Mainz
sowie allen Teilnehmerinnen und Teilnehmern an den Kursleiter-Workshops

Foto-Hörgeschichte:
Darsteller: Constanze Fennel, Gerhard Herzberger, Philip Krause,
Mirjam Luttenberger, Paula Miessen u. a.
Fotograf: Matthias Kraus, München

 Die Mediendateien finden Sie in der *Hueber Media*-App und unter
www.hueber.de/schritt-fuer-schritt

8. 7. 6. | Die letzten Ziffern
2028 27 26 25 24 | bezeichnen Zahl und Jahr des Druckes.
Alle Drucke dieser Auflage können, da unverändert,
nebeneinander benutzt werden.
1. Auflage
© 2018 Hueber Verlag GmbH & Co. KG, München, Deutschland
Umschlaggestaltung: Sieveking Agentur, München
Layout und Satz: Sieveking Agentur, München
Druck und Bindung: Firmengruppe APPL, aprinta druck GmbH, Wemding
Printed in Germany
ISBN 978–3–19–011087–2

Art. 530_25631_001_06

Aufbau

Symbole und Piktogramme

Kursbuch

1 ▶ 8	Hörtext
	Film
	Einsatz mobiler Geräte (fakultativ)
ÜG	Verweis auf Schritte Neu Grammatik (ISBN 978-3-19-011081-0)

Grammatik:

> Stehst du gern früh auf?

Hinweis:

> am Wochenende
> = am Samstag und am
> Sonntag

Kommunikation:

| Was sind deine Hobbys? | Meine Hobbys sind ... |
| Was machst du gern? | Ich ... gern. Das macht Spaß. |

Audios und Videos zum Einschleifen und Üben der Redemittel:

2 | 47–49 AUDIO-TRAINING ▶

VIDEO-TRAINING

Arbeitsbuch

| 1 ▶ 12 | Hörtext |
| B2 | Verweis ins Kursbuch |

Inhaltsverzeichnis **Kursbuch**

D	E	Wortfelder	Grammatik
Buchstaben · Alphabet · Telefongespräch: nach jemandem fragen	**Adresse** · Visitenkarten lesen · Anmeldeformular ausfüllen	· Begrüßung und Abschied · Personalien · Länder · Sprachen	· Aussage: *Ich bin Lili.* · W-Frage: *Wie heißen Sie?* · Personalpronomen: *ich, du, Sie* · Verbkonjugation: *kommen, heißen, sprechen, sein* · Präposition: *aus*
Zahlen und Personalien · bis 20 zählen · Interview: Fragen zur eigenen Person beantworten · Formular ausfüllen		· Familie · Personalien	· Personalpronomen: *er/sie, wir, ihr, sie* · Possessivartikel: *mein/meine, dein/deine, Ihr/Ihre* · Verbkonjugation: *leben, heißen, sprechen, sein, haben* · Präposition: *in*
Preise und Mengenangaben · nach Preisen fragen und Preise nennen · Gewichte und Maßeinheiten angeben	**Einkaufen** · ein Einkaufsgespräch führen	· Lebensmittel · Mengenangaben · Preise	· Ja-/Nein-Frage: *Haben Sie Eier?* · indefiniter Artikel: *ein, eine* · Nullartikel: *Hast du Käse?* · Negativartikel: *kein, keine* · Plural: *Äpfel, Eier* · Verbkonjugation: *möchten*
Wohnungsanzeigen · bis eine Million zählen · Wohnungsanzeigen relevante Informationen entnehmen	**Am Telefon** · Kleinanzeigen Informationen entnehmen · Auskünfte am Telefon erfragen	· Farben · Haus/Wohnung · Einrichtung (Möbel, Elektrogeräte) · Wohnungsanzeigen	· definiter Artikel: *der, das, die* · lokale Adverbien: *hier, dort* · Personalpronomen: *er, es, sie, sie* · Negation: *nicht, kein*
Tageszeiten · Angaben zur Tageszeit verstehen und machen · über den Tagesablauf berichten	**Öffnungszeiten** · Schilder/Telefonansagen: Öffnungszeiten verstehen	· Uhrzeit · Wochentage · Öffnungszeiten · Aktivitäten	· trennbare Verben im Satz: *Lara steht früh auf.* · Verbkonjugation: *anfangen, arbeiten, essen, fernsehen, schlafen* · Präpositionen: *am, um, von … bis* · Verbposition im Satz: *Robert trinkt am Morgen Kaffee.*
Freizeit und Hobbys · über Freizeitaktivitäten sprechen · Personenporträts verstehen		· Wetter und Klima · Himmelsrichtungen · Freizeitaktivitäten und Hobbys	· Akkusativ: *den Käse, einen Saft, keinen Saft* · Ja-/Nein-Frage und Antwort: *ja, nein, doch* · Verbkonjugation: *lesen, treffen, nehmen, fahren*
Bist du pünktlich gekommen? · über Aktivitäten in der Vergangenheit erzählen · Vorschläge machen und ablehnen	**Kommunikation mit der Schule** · Telefongespräch: sich / ein Kind wegen Krankheit entschuldigen	· Schule · Ausflug · Freizeitaktivitäten · Aktivitäten im Deutschkurs	· Modalverben: *können, wollen* · Satzklammer: *Ich kann nicht einkaufen.* · Perfekt mit *haben*: *Er hat gelernt.* · Perfekt mit *sein*: *Ich bin gegangen.* · Perfekt im Satz: *Bist du pünktlich gekommen?*

Inhaltsverzeichnis **Arbeitsbuch**

Liebe Leserinnen, liebe Leser,

mit *Schritt für Schritt in Alltag und Beruf* legen wir Ihnen ein speziell auf die Bedürfnisse von Lese- und Schreibungeübten zugeschnittenes Lehrwerk vor, mit dem wir das bewährte und erprobte Konzept von *Schritte plus Neu* insbesondere für diese Zielgruppe anpassen konnten.

Mit *Schritt für Schritt in Alltag und Beruf* bieten wir ein passgenaues Lehrwerk für lese- und schreibungewohnte Teilnehmer/innen in den Integrationskursen an. Durch vereinfachte Aufgabenstellungen, Transparenz sowie Kleinschrittigkeit durch die Stoffverteilung in kleine Lernportionen und Festigung in Schreibaufgaben u.v.m. ist das Lehrwerk hervorragend auf die Erfordernisse Ihres Unterrichts angepasst.

Im Folgenden geben wir Ihnen einen Überblick über Neues und Altbewährtes im Lehrwerk und wünschen Ihnen viel Freude in Ihrem Unterricht.

Schritt für Schritt in Alltag und Beruf A1.1 und A1.2

- führt Lernende ohne Vorkenntnisse in 2 Bänden zu dem Sprachniveau A1
- orientiert sich an den Vorgaben des Gemeinsamen Europäischen Referenzrahmens sowie an den Vorgaben des Rahmencurriculums für Integrationskurse des Bundesamts für Migration und Flüchtlinge
- bereitet kleinschrittig auf die Prüfung *Start Deutsch 1* (Stufe A1) vor
- bereitet die Lernenden auf die Anforderungen in Alltag und Beruf vor
- ermöglicht einen zeitgemäßen Unterricht mit vielen Angeboten zum fakultativen Medieneinsatz (verfügbar im Medienpaket sowie im Lehrwerkservice und abrufbar über die *Hueber Media*-App)

Der Aufbau von *Schritt für Schritt in Alltag und Beruf*

Kursbuch (sieben Lektionen)

Lektionsaufbau:

- Einstiegsdoppelseite mit einer Foto-Hörgeschichte als thematischer und sprachlicher Rahmen der Lektion (verfügbar als Audio oder Slide-Show) sowie einem Film mit Alltagssituationen der Figuren aus der Foto-Hörgeschichte

- Lernschritte A – C: kleinschrittige Einführung des Stoffs in abgeschlossenen Einheiten mit einer besonders klaren Struktur
- Lernschritte D+E: Trainieren der vier Fertigkeiten Hören, Lesen, Sprechen und Schreiben mit einem speziell für Lese- und Schreibungeübte angepassten Schwierigkeitsgrad; und systematische Erweiterung des Stoffs der Lernschritte A – C
- eine klare Übersichtsseite Grammatik und Kommunikation mit Möglichkeiten zum Festigen und Weiterlernen sowie zur aktiven Überprüfung und Automatisierung des gelernten Stoffs durch ein Audiotraining und ein Videotraining
- eine Doppelseite „Zwischendurch mal …" mit spannenden fakultativen Unterrichtsangeboten wie Filmen, Projekten, Spielen, Liedern etc. und vielen Möglichkeiten für einen abwechslungsreichen Unterricht

Arbeitsbuch (sieben Lektionen)

Lektionsaufbau:

- abwechslungsreiche Übungen zu den Lernschritten A – E des Kursbuchs
- Übungsangebot mit klaren Aufgabenstellungen, vielen Schreibaufgaben und mehr Raum für komplexe Inhalte
- ein systematisches Phonetik-Training
- ein systematisches Schreibtraining
- Aufgaben zur Prüfungsvorbereitung
- Selbsttests am Ende jeder Lektion zur Kontrolle des eigenen Lernerfolgs der Teilnehmer

Anhang:

- Lernwortschatzseiten mit Lerntipps, Beispielsätzen und illustrierten Wortfeldern
- Grammatikübersicht

Außerdem finden Sie im Lehrwerkservice zu *Schritt für Schritt in Alltag und Beruf* vielfältige Zusatzmaterialien für den Unterricht und zum Weiterlernen.

Viel Spaß beim Lehren und Lernen mit *Schritt für Schritt in Alltag und Beruf* wünschen Ihnen

Autoren und Verlag

Die erste Stunde im Kurs

Guten Tag. Mein Name ist Sonja Hauser. Und wie heißen Sie?

Mein Name ist …

Hallo, ich heiße Amila Corič. Und wie heißen Sie?

Das ist Sofia Lopes.

Guten Tag. Mein Name ist ...

Folge 1: Das bin ich.

1 ▶ 1–8 **1 Sehen Sie die Fotos an und hören Sie.**
Wer ist das? Ordnen Sie zu.

~~Lara Nowak~~   Walter Baumann   Sofia Baumann   Lili Baumann

A ....

B <u>Lara Nowak</u>

C ....

D ....

2 1 ▶ 1–8 **Wer sagt das? Hören Sie noch einmal und ordnen Sie zu.**

A

B

C

D

○ Ich komme aus Polen. Ich spreche Polnisch und ein bisschen Englisch
  und Deutsch.

Ⓓ Ich komme aus Deutschland. Ich spreche Deutsch und ein bisschen Englisch.

○ Ich komme aus Deutschland. Ich spreche Deutsch und Englisch.

○ Ich komme aus Deutschland. Ich spreche Deutsch, Englisch und
  ein bisschen Spanisch.

Laras Film

A Guten Tag.

1 ▶ 9 **A1** Wer sagt was? Hören Sie und ordnen Sie zu.

~~Guten Tag.~~   Hallo.   Auf Wiedersehen.   Tschüs.

A

B

C

D

Guten Tag. ....

....

A2 Guten Tag! Auf Wiedersehen!

1 ▶ 10 **a** Hören Sie und lesen Sie.

A
`08:00`

B
`14:00`

C
`20:00`

D
`21:00`

◆ Guten Morgen, Frau Fleckenstein.
○ Guten Morgen. Oh, danke.

▫ Guten Tag, Frau Friedel.
✚ Guten Tag, Herr Miese.

▲ Guten Abend, meine Damen und Herren. Willkommen bei „Musik international".

● Gute Nacht.
▼ Nacht, Papa.

b Was sagt man wann? Ergänzen Sie aus a.

6 – 11 Uhr	
11 – 18 Uhr	
18 Uhr – …	Guten Abend.

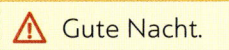 ⚠ Gute Nacht.

A3 Schreiben Sie Kärtchen und sprechen Sie im Kurs.

`06:30` ◆ Guten Morgen, Frau Eco.
○ Guten Morgen.

`20:45` ◆ Guten Abend, Alexander.
○ Guten Abend.

`09:00`   `15:30`   `19:30`   `12:00`

B1 Ordnen Sie zu.

Ich bin Lili.   ~~Ich heiße Lara Nowak.~~   Ich bin Sofia Baumann.   Mein Name ist Walter.

A   B   C   D

Ich heiße
Lara Nowak.

B2 Mein Name ist …

1 ▶ 11   **a**   Hören Sie und lesen Sie.

◆ Guten Tag. Mein Name ist Richard Yulu.
○ Guten Tag, Herr … Entschuldigung, wie heißen Sie?
◆ Richard Yulu.
○ Ah, ja. Guten Tag, Herr Yulu. Ich bin Helga Weber.
     Herzlich willkommen.
◆ Guten Tag, Frau Weber. Freut mich.

Wie heiß**en** Sie?	Ich heiß**e** …
	Ich **bin** …
	Mein Name **ist** …

b   Spielen Sie das Gespräch mit Ihrem Namen.

B3 Suchen Sie bekannte Personen und zeigen Sie ein Foto. Fragen Sie im Kurs.

A   B   C   D

◆ Wer ist das?   ◆ Wer ist das?
○ Das ist …   ○ Ich weiß es nicht.
◆ Ja, stimmt. / Nein.

Wer ist das?
Das ist …

C Ich komme aus Polen.

C1 Hören Sie und ordnen Sie zu.

bist du   kommst du   kommen Sie   ~~Ich heiße~~

A

B

◆ Guten Tag. Mein Name ist Lara Nowak.

○ Guten Tag. Freut mich.
 Ich heiße Klara Schneider.
 Woher _____, Frau Nowak?

◆ Aus Polen.

◆ Hallo. Ich bin Lara.
 Und wer _____?

▲ Hallo! Ich bin Henry.
 Woher _____, Lara?

◆ Aus Polen.

aus	aus dem	aus der	aus den
Deutschland	Jemen	Schweiz	USA
Österreich	Sudan	Türkei	...
Rumänien	...	Ukraine	
Syrien		...	
Irak			
...			

Woher komm**en** Sie?	Aus	Polen. / ...
Woher komm**st** du?		München. / ...

C2 Im Deutschkurs

a Hören Sie und lesen Sie die Gespräche. Markieren Sie dann alle Fragen mit *wie*, *woher* oder *wer*.

1

◆ Guten Tag, ich bin Hans Mayer.
 Wie heißen Sie?

○ Ali Tankay.

◆ Woher kommen Sie, Herr Tankay?

○ Aus der Türkei.

◆ Aha! Und Sie? Wer sind Sie?

▲ Ich bin Alexander Makarenko.
 Ich bin aus der Ukraine.

2

▼ Hallo, ich bin Diana. Und wie heißt du?

◻ Ich heiße Sadie.

▼ Und du? Wer bist du?

✦ Ich heiße Rabia.

▼ Woher kommst du, Rabia?

✦ Aus Pakistan. Und du?

▼ Aus der Ukraine. Und du, Sadie?

◻ Ich komme aus Tunesien.

b Schreiben Sie die Fragen aus a.

Sie | du

_____ | *Und wie heißt du?*

_____ | _____

_____ | _____

C3 *du* oder *Sie*?

a Ergänzen Sie.

3

▦ Hallo! Ich bin Umut. Und wer bist *du* ?

○ Ich heiße Amir.

▦ Woher kommst _____, Amir?

○ Aus dem Jemen.

▦ Aha. Ich komme aus Istanbul.

○ _____ sprichst gut Deutsch.

▦ Nein, nein. Nur ein bisschen.

○ Und _____, wie heißen _____?

▲ Tufan, Mona Tufan.

▦ Ah, schön. Was sprechen _____, Frau Tufan?

▲ Ich spreche Deutsch und Türkisch.

Sprachen	
Arabisch	Französisch
Bulgarisch	Polnisch
Deutsch	Spanisch
Englisch	Türkisch

Was spri**ch**st du?

Was sprech**en** Sie?

1 ▶ 16 **b** Hören Sie und vergleichen Sie.

C4 Das bin ich!

Sprechen Sie mit Ihrer Partnerin / Ihrem Partner oder machen Sie einen Film.

Wie heißen Sie?

Ich bin ...

Woher ... ?

Was ... ?

Ich spreche ein bisschen Französisch.

A

B

D Buchstaben

1 ▶ 17 **D1 Das Alphabet**
Hören Sie und sprechen Sie die Buchstaben nach.

Aa	Bb	Cc	Dd	Ee	Ff	Gg	Hh	Ii	Jj	Kk	Ll	Mm
a	be	tse	de	e	ef	ge	ha	i	jot	ka	el	em

Nn	Oo	Pp	Qq	Rr	Ss	Tt	Uu	Vv	Ww	Xx	Yy	Zz
en	o	pe	ku	er	es	te	u	vau	we	iks	ypsilon	tsett

Ää	Öö	Üü	ß
ä	ö	ü	eszett

D2 Buchstabieren Sie Ihren Namen.

Ich heiße Maria Bari.

Wie bitte? Buchstabieren Sie, bitte.

M – A – R – ...

1 ▶ 18 **D3 Hören Sie das Telefongespräch. Sprechen Sie dann mit Ihrem Namen.**

◆ Firma Microlab, Valentina Schwarz, guten Tag.

○ Guten Tag. Mein Name ist Kostadinov. Ist Frau Bär da, bitte?

◆ Guten Tag, Herr ...

○ Kostadinov.

◆ Entschuldigung, wie ist Ihr Name?

○ Kostadinov. Ich buchstabiere: K – O – S – T – A – D – I – N – O – V.

◆ Ah ja, Herr Kostadinov. Einen Moment, bitte ... Herr Kostadinov? Tut mir leid, Frau Bär ist nicht da.

○ Ja, gut. Vielen Dank. Auf Wiederhören.

◆ Auf Wiederhören, Herr Kostadinov.

E1 Visitenkarten: Lesen Sie und ergänzen Sie.

A

Amir El-Ahmar
Gartenstraße 12
82234 Weßling
Deutschland
E-Mail: a_el_ahmar@aon.de
Tel.: 08153-94 55 67 / 0171-32 54 67

B

Maurermeister

Robert Lauber

Bahnhofstraße 7
75172 Pforzheim
Deutschland
Telefon: 07231 / 56 11 89
r.lauber@Maurer-Lauber.de

	A	B
Vorname	Amir	
Familienname/Nachname		
Straße, Hausnummer		
Stadt		
Land		

1 ▶ 19 E2 Hören Sie und ergänzen Sie das Formular.

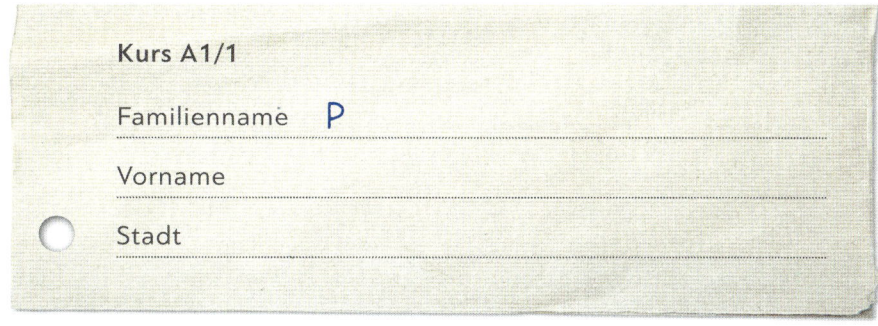

Kurs A1/1

Familienname   P

Vorname

○ Stadt

E3 Wer sind Sie? Ergänzen Sie das Formular.

Kurs A1/1 Deutsch als Zweitsprache

Anmeldung

Familienname

○ Vorname

Straße, Hausnummer

Postleitzahl, Stadt

Grammatik

1 Aussage ÜG 10.01

	Position 2	
Mein Name	ist	Walter.
Ich	bin	Lili.
Ich	komme	aus Deutschland.
Du	sprichst	gut Deutsch.

2 W-Frage ÜG 10.03

	Position 2	
Wer	ist	das?
Wie	heißen	Sie?
Woher	kommen	Sie?
Was	sprechen	Sie?

3 Verb: Konjugation ÜG 5.01

kommen	
ich	komme
du	kommst
Sie	kommen

heißen	
ich	heiße
du	heißt
Sie	heißen

sprechen	
ich	spreche
du	sprichst
Sie	sprechen

sein	
ich	bin
du	bist
Sie	sind

Merke:

ich	-e
du	-st
Sie	-en

! du heißt
° du sprichst

Schreiben Sie vier Fragen und vier Antworten.

Wer ...?
Wie ...?
Woher ...?
Was ...?

Wer bist du?
Ich bin Anna.
Wie ...

Begrüßung: Hallo!

Hallo! | Guten Morgen, Frau Eco. | Guten Tag.
Guten Abend, Alexander. | Herzlich Willkommen. | Freut mich.
Firma Microlab, Valentina Schwarz, guten Tag.

Hallo!

Abschied: Auf Wiedersehen.

Auf Wiedersehen. | Tschüs! | Gute Nacht. | Auf Wiederhören.

Tschüs!

Name: Wie heißen Sie?

Wie heißen Sie?	Ich heiße/bin Lara Nowak.
Wie heißt du?	Ich heiße/bin Lili.
Wer sind Sie?	(Ich bin) Sofia Baumann.
Wer bist du?	(Ich bin) Lili.
Wie ist Ihr Name?	(Mein Name ist) Lara Nowak.
Wer ist das?	Das ist …

Merke:

Ich heiße ~~Frau~~ Baumann.

Mein Name ist ~~Frau~~ Baumann.

Herkunft: Woher kommen Sie?

Woher kommen Sie, Frau Nowak?	Ich komme aus Polen.
Woher kommst du, Lara?	Aus Polen.

Das bin ich. Ergänzen Sie.

Name: ....

Land: ....

Stadt: ....

Sprache: Was sprechen Sie?

Was sprechen Sie?	Ich spreche Deutsch und (ein bisschen) Türkisch.
Was sprichst du?	Deutsch.
Sie sprechen / Du sprichst gut Deutsch.	Nein, nein. Nur ein bisschen.

Schreiben Sie.

Ich heiße …
Ich komme aus …
Ich spreche …

Entschuldigung: Tut mir leid.

Entschuldigung, … Tut mir leid.

Bitten und danken: Vielen Dank.

Ist Frau Bär da, bitte?
Buchstabieren Sie, bitte.
Vielen Dank. Danke.

Sie möchten noch mehr üben?

1 | 20–22 AUDIO-TRAINING ▶

VIDEO-TRAINING 🎬

SPIEL

Das Alphabet

F f   O o   J j   V v

L l   A a   B b   U u

P p   N n   E e

I i   T t   D d   S s

Q q   H h   M m   Z z

Y y   K k   G g

R r   W w   X x   C c

1 ▶ 23   **Hören Sie. Suchen Sie die Buchstaben und schreiben Sie nach.**

Buchstabenspiel

Sehen Sie den Film an. Hören Sie und ergänzen Sie die Namen.

Anna,

Schreiben und zeichnen Sie Ihre eigene Visitenkarte.

Dana Rateb

Lessingstraße 178
69207 Leimen

Omar Nasser

Gartengasse 4
10318 Berlin

Aljona Schewtschneko

Pelkovenallee 7a
97076 Würzburg

Meine Familie

Folge 2: Pause ist super.

1 Sehen Sie die Fotos an.

a Was meinen Sie? Was ist richtig? Umkreisen Sie.

    1 Tim ist Laras Deutschlehrer. (lernt auch Deutsch.)

    2 Tim und Lara haben Pause. lernen Deutsch im Park.

1 ▶ 24–31 **b** Hören Sie und vergleichen Sie.

1 ▶ 25–26 **2 Hören Sie noch einmal und ordnen Sie zu.**

~~Kanada~~ Lublin Polen Ottawa

	Tim	Lara
Land	Kanada	
Stadt		

3

4

7

8

1 ▶ 27–29 **3** **Das ist meine Familie.**

Hören Sie noch einmal und ordnen Sie zu.

A

B

C

○ Das ist Tims Bruder. Er ist 16 Jahre alt.

○ Das sind Tims Eltern: Tims Mutter und Tims Vater.

○ Das sind Laras Großeltern. Und das ist Laras Mutter.

Laras und
Tims Film

A Wie geht's? – Danke, gut.

A1 Wie geht's?

1 ▶ 32 **a** Hören Sie und ordnen Sie zu.

1 Super.
2 Sehr gut.
3 Gut.
4 Es geht.
5 Nicht so gut.

b Schreiben Sie.

Nicht so gut.

A2 Wie geht es dir? – Wie geht es Ihnen?

1 ▶ 33–34 **a** Hören Sie und lesen Sie.

A

◆ Hallo, Lara.
○ Hallo, Tim. Wie geht's?
◆ Danke, gut. Und wie geht es dir?
○ Auch gut, danke.

du	Wie geht's?	Gut, danke.
	Wie geht es dir?	

B

▲ Guten Morgen, Frau Jansen.
▢ Guten Morgen, Herr Baumann. Wie geht es Ihnen?
▲ Danke, sehr gut. Und Ihnen?
▢ Ach, nicht so gut.

Sie	Wie geht's?	Gut, danke.
	Wie geht es Ihnen?	

b Spielen Sie die Gespräche mit Ihrem Namen.

A3 Kettenspiel: Fragen Sie und antworten Sie.

◆ Oliver, wie geht's?
○ Es geht. Dimitra, wie geht es dir?
▲ Danke, gut. Jenny, …

1 ▶ 35 **B1** **Hören Sie und ordnen Sie zu.**

Großeltern   Oma   Opa   ~~Mutter~~

Das sind meine _____.

Meine _____ und mein

_____.

Und das ist meine Mutter .

> Das ist 🧍 meine Mutter.
> Das sind 🧍🧍 meine Großeltern.

1 ▶ 36–38 **B2** **Wer ist das? Hören Sie und ordnen Sie zu.**

a   mein Mann   ~~meine Kinder~~   meine Tochter   mein Sohn   mein Vater

Das ist ...

1 _____.

2 _____.

3 _____.

4 _____.

Das sind ...

3 + 4 + 5   meine Kinder .

b   meine Schwester   mein Bruder   meine Geschwister

Das ist ...

1 _____.

2 _____.

Das sind ...

1 + 2 _____.

c   meine Enkelkinder   meine Enkelin   mein Enkel

Das ist ...

1 _____.

2 _____.

Das sind ...

1 + 2 _____.

B3 Meine Familie. Suchen Sie die Wörter in B1 und B2 und ergänzen Sie.

Eltern	Kinder	Geschwister	Ehepaar ⚭		Enkelkinder
Mutter / Mama	Tochter		Frau / Ehefrau	Großmutter /	
.... / Papa	....	Bruder	.... / Ehemann	Großvater / Opa	Enkel

B4 Familienfotos

1 ▶ 39–41 **a** Hören Sie und lesen Sie.

1

◆ Wer ist das? Dein Bruder?

○ Nein, das ist mein Vater.

2

◆ Und wer ist das? Deine Mutter?

○ Nein, das ist meine Oma.

3

◆ Und das sind deine Geschwister, oder?

○ Nein, das sind meine Eltern.

b Schreiben Sie selbst ein Gespräch wie in a. Lesen Sie das Gespräch vor.

Vater   Ehemann
Schwester   Ehefrau
Kinder   Geschwister

◇ Wer ist das?
Dein Vater?
○ Nein, das ist ...

	mein	dein	Bruder
	meine	deine	Mutter
	meine	deine	Geschwister

B5 Walters Familie

1 ▶ 42 **a** Hören Sie und ergänzen Sie.

◆ Wer ist das? Ihre Tochter?

○ Nein, das ist meine Enkelin.

◆ Und das ist .... Enkel?

○ Ja, genau.

◆ Wie alt sind .... Enkelkinder?

○ Neun und zwölf.

Ihr Enkel
Ihre Tochter
Ihre Enkelkinder

b Spielen Sie ein Gespräch wie in a mit Tochter – Schwester – Bruder – Geschwister.

C1 **Lara und Tim**

1 ▶ 43   Hören Sie und ordnen Sie zu.

kommt ~~ist~~ leben spricht kommt ist sind

Das _ist_ Lara. Sie _____ aus Polen.

Das _____ Tim. Er _____ aus Kanada. Er _____ ein bisschen Deutsch.

Das _____ Lara und Tim. Sie _____ jetzt in München.

Tim	→	er
Lara	→	sie
Lara und Tim	→	sie

| er/sie | kommt | lebt | spricht | ist |
| sie/Sie | kommen | leben | sprechen | sind |

C2 **Das ist … / Das sind …**

a Schreiben Sie Sätze.

Tao Cheng
China
Österreich

Aba Owusu
Ghana
Deutschland

Amir und Maya Navid
Iran
Deutschland

Das ist Tao Cheng.
Er kommt aus …
Er lebt in …

Das …
Sie …
… lebt …

Das …
… kommen …
…

b Stellen Sie Ihre Partnerin / Ihren Partner im Kurs vor.

> Das ist Erin. Sie kommt …

1 ▶ 44   ### C3 **Woher kommt ihr?**

Hören Sie und variieren Sie.

◆ Anna, das sind meine Freunde Sera und Mori .

○ Ah, hallo. Woher kommt ihr denn?

▲ Aus Uganda , aber wir sind schon lange in Deutschland . Wir wohnen hier in Berlin .

| wir wohnen |
| ihr kommt |

Varianten:

 Lin und Bang   China   Österreich   Wien |

 Hamed und Maryam   Afghanistan   Deutschland   Erfurt

C

C4 Gehen Sie zu zweit herum und fragen Sie andere Paare.

Sprechen Sie mit Ihrem Namen.

◆ Hallo. Wer seid ihr?

○ Wir sind ... und ...

wir	sind
ihr	seid

C5 Das bin ich!

a Lesen Sie die Texte und ergänzen Sie die Informationen.

Ich heiße Vera Landthaler und komme aus Österreich. Ich lebe in Wien. Das ist die Hauptstadt von Österreich. Mein Freund heißt Peter. Er kommt aus Slowenien. Wir wohnen schon lange zusammen.

Landthaler
_____
Familienname

Vorname
_____

Heimatland
_____

Wohnort
_____

Familienname
_____

Vorname
_____
Deutschland

Heimatland
_____

Wohnort
_____

Mein Name ist Ralf Lichtblau. Ich bin Grafik-Designer und wohne in Hamburg. Das ist in Norddeutschland. Ich habe einen Sohn. Er heißt Damian.

Familienname
_____

Vorname
_____

Heimatland
_____

Wohnort
_____

Ich bin Matteo Steiner und komme aus der Schweiz. Meine Eltern sind Lehrer. Ich habe zwei Geschwister. Wir wohnen in Basel.

Familienname
_____

Vorname
_____
Deutschland

Heimatland
_____

Wohnort
_____

Ich heiße Marina Marković. Ich bin in Stuttgart geboren. Mein Vater ist Kroate, meine Mutter ist Deutsche. Wir wohnen in München. München ist in Süddeutschland, in Bayern.

b Arbeiten Sie zu zweit. Sehen Sie die Landkarte vorne im Buch an.

1 Suchen und zeigen Sie die vier Wohnorte aus dem Text.

2 Suchen und zeigen Sie Ihren Wohnort oder Ihre Region.

3 Notieren Sie die Hauptstädte von Deutschland, Österreich und der Schweiz.

Norden

Westen   Osten

Süden

Deutschland: Berlin
Österreich: ...

1 ▶ 45 **D1 Hören Sie und sprechen Sie nach.**

0 null	1 eins	2 zwei	3 drei	4 vier	5 fünf	6 sechs	7 sieben	8 acht	9 neun

10 zehn	11 elf	12 zwölf	13 dreizehn	14 vierzehn	15 fünfzehn	16 sechzehn

17 siebzehn	18 achtzehn	19 neunzehn	20 zwanzig

1 ▶ 46 **D2 Auf dem Amt: Hören Sie und lesen Sie das Gespräch.**
Ergänzen Sie das Formular.

◆ **Wie heißen Sie?**
○ Isabel Flores Nevado.
◆ Woher kommen Sie?
○ Aus Spanien.
◆ Wo sind Sie geboren?
○ In Madrid.
◆ Wie ist Ihre Adresse?
○ Marktstraße 1, 20249 Hamburg.
◆ Wie ist Ihre Telefonnummer?
○ 7 8 8 6 3 9.
◆ Sind Sie verheiratet?
○ Nein, ich bin geschieden.
◆ Haben Sie Kinder?
○ Ja, zwei.

Familienname Flores Nevado
Vorname
Heimatland
Geburtsort
Straße
Wohnort 20249 Hamburg
Telefonnummer
Familienstand:
○ ledig   ○ verheiratet
○ verwitwet   ○ geschieden
Kinder:
☒ ja 2   ○ nein

ich	habe	
du	hast	ein Kind
er/sie	hat	

D3 Rollenspiel: Auf dem Amt
a Markieren Sie die Fragen mit *W* in D2 und schreiben Sie.

> Wie heißen Sie? Woher ...?
> Wo ...? Wie ist ...?

b Fragen Sie Ihre Partnerin / Ihren Partner und schreiben Sie.

Wie heißen Sie?

Adil Benhassi.

Familienname: Benhassi   Geburtsort: ...
Vorname: Adil   Adresse: ...
Heimatland: Marokko   Telefonnummer: ...

Grammatik

1 Personalpronomen: *er, sie, sie* ÜG 3.01

Tim	→	er
Lara	→	sie
Lara und Tim	→	sie

2 Possessivartikel: *mein/e, dein/e, Ihr/e* ÜG 2.04

maskulin	neutral	feminin	Plural
mein Bruder	**mein** Kind	**meine** Mutter	**meine** Geschwister
dein Bruder	**dein** Kind	**deine** Mutter	**deine** Geschwister
Ihr Bruder	**Ihr** Kind	**Ihre** Mutter	**Ihre** Geschwister

Das ist ⚤ meine Mutter.
Das sind ⚤⚤ meine Großeltern.

Ergänzen Sie.

Das ist …
Das sind …

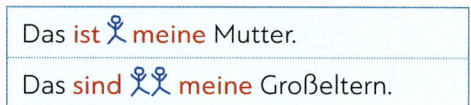

1 Das ist _____

2 Das sind _____

3 Verb: Konjugation ÜG 5.01

	leben*	heißen	sprechen
ich	leb**e**	heiß**e**	sprech**e**
du	leb**st**	heiß**t**	spr**i**ch**st**
er/sie	leb**t**	heiß**t**	spr**i**ch**t**
wir	leb**en**	heiß**en**	sprech**en**
ihr	leb**t**	heiß**t**	sprech**t**
sie/Sie	leb**en**	heiß**en**	sprech**en**

auch so: wohnen, lernen, kommen

Merke:

ich	spreche
du	spr**i**chst
er/sie	spr**i**cht

	sein	haben
ich	**bin**	hab**e**
du	**bist**	ha**st**
er/sie	**ist**	ha**t**
wir	**sind**	hab**en**
ihr	**seid**	hab**t**
sie/Sie	**sind**	hab**en**

Finden Sie noch drei
Formen von *sein*.

A	B	I	S	T	R
L	E	R	E	N	O
K	B	E	I	S	T
S	I	N	D	V	S
O	N	D	R	U	H

Befinden: Wie geht's?

Wie geht's?	Super. / Sehr gut. / Gut. / Es geht. / Nicht so gut.
Wie geht es Ihnen? / Wie geht es dir?	Danke gut. / Danke, sehr gut.
Und (wie geht es) Ihnen/dir?	Auch gut, danke. / Ach, nicht so gut.

TiPP
Lernen Sie Fragen und
Antworten immer zusammen.

Andere vorstellen: Das ist meine Mutter.

Das ist meine Mutter / Tims Bruder.
Sie/Er kommt aus ...
Sie/Er lebt in ...
Sie/Er spricht ...
Das sind meine Großeltern.
Sie leben in ...

Ihre Schwester / Ihr Bruder / .... Schreiben Sie.

Das ist ...
Sie/Er kommt aus ...
Sie/Er lebt in ...
Sie/Er spricht ...
Sie/Er hat ...

Angaben zur Person: Wo sind Sie geboren?

Wo sind Sie geboren?	Ich bin in Stuttgart geboren.
	In Madrid.
Wie ist Ihre Adresse?	Ich lebe/wohne in Wien.
	Marktstraße 1, 20249 Hamburg.
Wie ist Ihre Telefonnummer?	788639.
Sind Sie verheiratet?	Ja, ich bin verheiratet.
	Nein, ich bin ledig/verwitwet/ geschieden.
Haben Sie Kinder?	Ja, eins/zwei/ ...
	Nein.
Wie alt sind Ihre Enkelkinder?	Neun und zwölf.

Ergänzen Sie das Formular.

Name
Heimatland
Geburtsort
Wohnort
Telefonnummer
Familienstand
Kinder

Ort: Hamburg ist in Norddeutschland.

Wien ist die Hauptstadt von Österreich.
Hamburg ist in Norddeutschland.
München ist in Süddeutschland.

Sie möchten noch mehr üben?

1 | 47–49
AUDIO-
TRAINING

VIDEO-
TRAINING

Zwischendurch mal ...

FILM

Ich heiße Esila.

Sehen Sie den Film an. Was ist richtig? Kreuzen Sie an.

1 ○ Esila ist sechzehn.
2 ⊠ Esila ist in St. Pölten geboren.
3 ○ Esila wohnt in Wien.
4 ○ Esila hat eine Schwester.
5 ○ Zafer Kartal ist Türke und spricht sehr gut Deutsch.
6 ○ Oma Nilüfer spricht gut Deutsch.
7 ○ Oma Krisztina und Opa Walter wohnen in Wien.
8 ○ Opa Walter kommt aus Ungarn.
9 ○ Oma Krisztina ist Österreicherin.

SPIEL

Kettenspiel

Bilden Sie Gruppen. Jede/r sagt einen Satz über sich.

Kurskontaktliste

1 Arbeiten Sie zu zweit. Ergänzen Sie den Fragebogen für Ihre Partnerin / Ihren Partner.

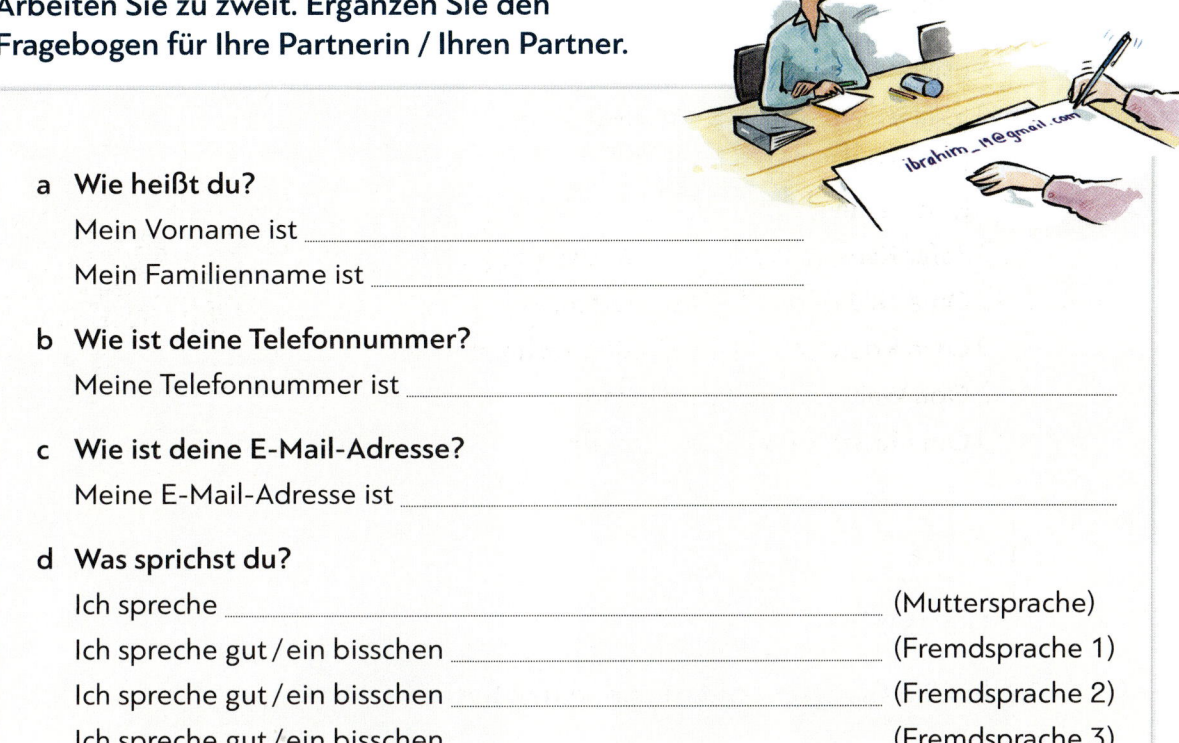

i–b–r–a–h–i–m Unterstrich 19 ‚ät' gmail Punkt com

a Wie heißt du?

Mein Vorname ist _____

Mein Familienname ist _____

b Wie ist deine Telefonnummer?

Meine Telefonnummer ist _____

c Wie ist deine E-Mail-Adresse?

Meine E-Mail-Adresse ist _____

d Was sprichst du?

Ich spreche _____ (Muttersprache)

Ich spreche gut / ein bisschen _____ (Fremdsprache 1)

Ich spreche gut / ein bisschen _____ (Fremdsprache 2)

Ich spreche gut / ein bisschen _____ (Fremdsprache 3)

2 Machen Sie eine Kontaktliste.

Vorname	Familienname	Telefonnummer	E-Mail-Adresse
Ibrahim	Saada	0170-97 99 34 10	ibrahim_19@gmail.com

Ihre Familie: Notieren Sie einen Namen.

Wer ist das? Ihre Partnerin / Ihr Partner rät.

◆ Wer ist María?
○ María ist deine Ehefrau.
◆ Nein, falsch.
○ María ist deine Schwester, oder?
◆ Ja, genau.

Einkaufen

Folge 3: Bananenpfannkuchen

1 Sehen Sie die Fotos an. Welche Wörter kennen Sie schon? Zeigen Sie.

Bananen   Butter   Eier   Mehl   Milch
Zucker   Pfannkuchen   Schokolade   ...

1 ▶ 50–57 **2** Was ist richtig? Hören Sie und umkreisen Sie.

Foto 1–3	Lara und Sofia haben (Mehl, Butter, Zucker und Milch.)
	Mehl, Butter, Pfannkuchen.
	Sie brauchen Bananen. Eier.

Foto 4–6   Lili kauft   Bananen.   Eier.   Schokolade.

Foto 7–8   Herr Meier hat   Eier.   Milch.

1 ▶ 50–57 **3 Hören Sie noch einmal. Wer sagt was? Kreuzen Sie an.**

	Lara	Sofia	Lili	Herr Meier
Foto 1: Ich habe Hunger.	✕			
Foto 2: Möchtest du Pfannkuchen?				
Foto 3: Wir haben kein Ei.				
Foto 4: Kaufst du bitte zehn Eier?				
Foto 5: Das ist doch kein Ei.				
Foto 6: Äh, Moment. Und die zwei Bananen, bitte.				
Foto 7: Kann ich dir helfen?				
Foto 8: Danke für die Eier!				

Laras Film

A Haben wir Eier?

A1 Ordnen Sie zu.

- ( ) Mehl
- ( ) Salz
- ( ) Zucker
- ( ) Bier
- ( ) Pfeffer
- (10) Reis
- ( ) Mineralwasser
- ( ) Tee
- ( ) Fleisch
- ( ) Fisch
- ( ) Wein
- ( ) Brot
- ( ) Käse

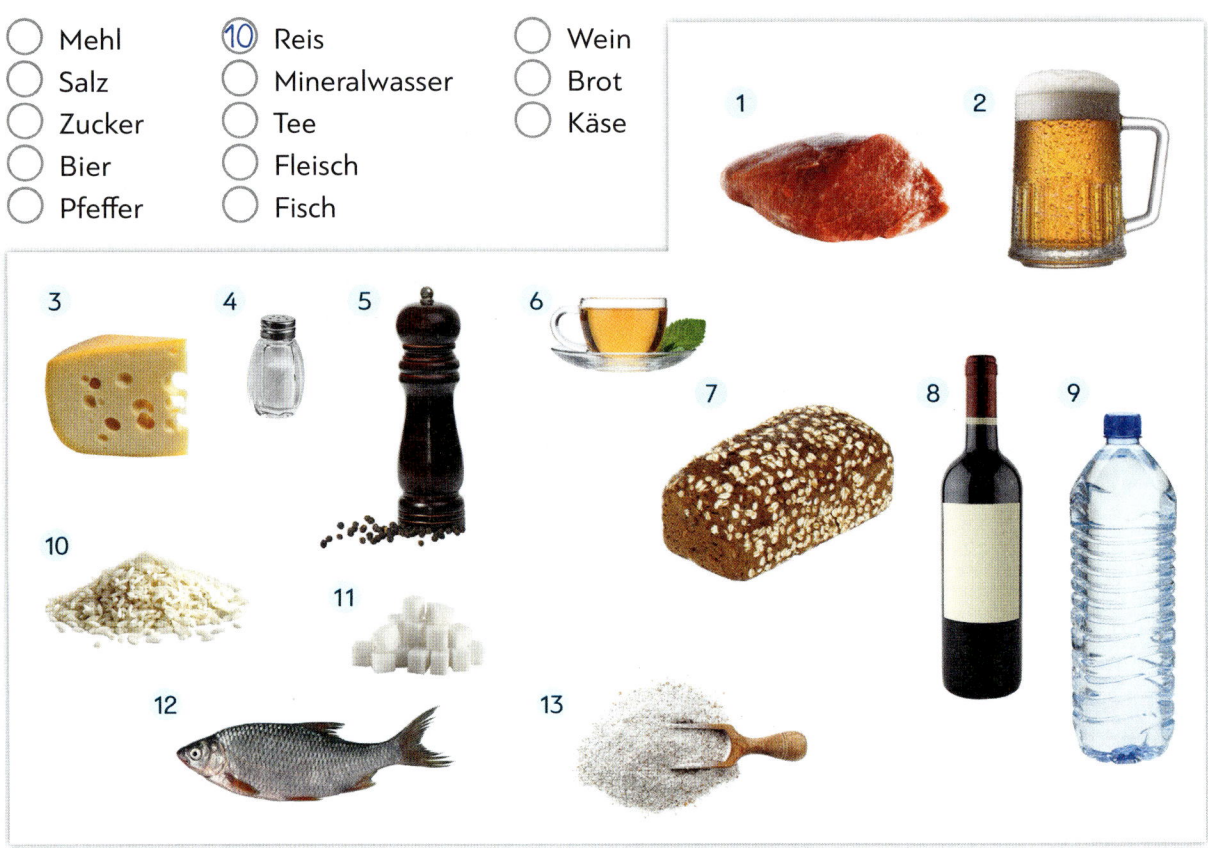

1 ▶ 58 ## A2 Hören Sie und variieren Sie.

- ◆ Entschuldigung. Haben Sie Eier ?
- ◐ Eier ? Ja, natürlich. 😄 Hier, bitte.
- ◆ Und haben Sie auch Milch ?
- ◐ Nein, tut mir leid. 😞

Varianten:

Mehl – Reis   Fisch – Fleisch

Wasser – Wein   Käse – Brot   Schokolade – Zucker

Haben Sie Eier?	Ja.
	Nein.

A3 Ratespiel: Was haben Sie zu Hause?

a Notieren Sie fünf Lebensmittel aus A1.

- Käse
- Fisch

b Fragen Sie Ihre Partnerin / Ihren Partner: *Hast du ...?*
Welches Paar hat zuerst alle Lebensmittel erraten?

Hast du Fisch?

Ja. Und du? Hast du Käse?

Nein. Hast du ...?

B1 Laras Frühstück

Was ist das? Zeigen Sie und sprechen Sie.

- ● ein Ei ● eine Banane ● ein Apfel ● eine Orange ● ein Kuchen ● ein Kaffee ● ein Saft
- ● ein Brötchen ● ein Würstchen ● eine Birne ● eine Tomate ● eine Kiwi

◆ Wie heißt das auf Deutsch?
○ Das ist eine Orange.
◆ Und was ist das?
○ Das ist ein Würstchen.

B2 Das ist doch kein Ei.

1 ▶ 59 **a** Hören Sie und lesen Sie.

◆ Was ist das?
○ Das ist ein Ei.
◆ Das ist doch kein Ei. Das ist ein Würstchen.

● ein	Apfel	● kein	Apfel
● ein	Ei	● kein	Ei
● eine	Birne	● keine	Birne

b Ergänzen Sie.

1

◆ Was ist das?
○ Das ist ein Apfel.
◆ Das ist doch _____ Apfel. Das ist _____ Tomate.

2

◆ Was ist das?
○ Das ist ein Kuchen.
◆ Das ist doch _____ Kuchen. Das ist _____ Brot.

c Sprechen Sie mit Ihrer Partnerin / Ihrem Partner.

1	2	3
Kiwi – Orange	Tomate – Birne	Birne – Banane

Was ist das? ‖ Das ist eine Kiwi. ‖ Nein, das ist doch keine Kiwi. Das ist eine …

B3 Spiel: Zeichnen Sie. Die anderen raten: Was ist das?

◆ Ist das ein Würstchen?
○ Nein, das ist kein Würstchen.
◆ Eine Banane?
○ Ja, genau. Das stimmt.

C Kaufst du bitte zehn **Eier**?

C1 Ein Ei – zehn Eier

a Ergänzen Sie.

Das ist _____ Apfel.
Das sind _____ Äpfel.

Das ist _____ Kuchen.
Das sind _____ Kuchen.

Das ist _____ Brot.
Das sind _____ Brote.

Das ist _ein_ Ei.
Das sind _zehn_ Eier.

Das ist _____ Banane.
Das sind _____ Bananen.

Das ist _____ Kiwi.
Das sind _____ Kiwis.

b Ergänzen Sie.

• ein Apfel	• drei Äpfel
• ein Kuchen	• zwei Kuchen
• ein Brot	• vier Brot_____
• ein Ei	• zehn Ei_____
• eine Banane	• zwei Banane_____
• eine Kiwi	• fünf Kiwi_____

C2 Schreiben Sie zehn Wörter aus dem Lernwortschatz (Seite 181–187).
Fragen Sie dann Ihre Partnerin / Ihren Partner.

Brote!
Brot?
Ja.

Brot — Brote
Saft — Säfte
Tomate — Tomaten
Ei – ...

C3 Schreiben Sie.

~~Kiwis~~ ~~Äpfel~~ Orangen Brote Eier Bananen Tomaten Birnen Würstchen

Im Einkaufswagen sind
- Kiwis
- ...

Im Einkaufswagen sind keine
- Äpfel
- ...

• kein Apfel	• keine Äpfel
• kein Ei	• keine Eier
• keine Kiwi	• keine Kiwis

C4 Suchbild: Was ist in Regal B anders?
Sprechen Sie mit Ihrer Partnerin / Ihrem Partner und finden Sie fünf Unterschiede.

A

In Regal A sind drei Bananen.

B

In Regal B sind keine Bananen.

D Preise und Mengenangaben

1 ▶ 60 **D1 Zahlen: Hören Sie und verbinden Sie.**

a	0,20 €	1	dreißig Cent	f	0,70 €	6	ein Euro zehn
b	0,30 €	2	sechzig Cent	g	0,80 €	7	siebzig Cent
c	0,40 €	3	zwanzig Cent	h	0,90 €	8	hundert Cent / ein Euro
d	0,50 €	4	fünfzig Cent	i	1,00 €	9	achtzig Cent
e	0,60 €	5	vierzig Cent	j	1,10 €	10	neunzig Cent

80	85	41
achtzig	fünfundachtzig	einundvierzig

D2 Ein Prospekt.

a Ordnen Sie zu.

~~eine Dose~~   ● eine Packung   ● ein Becher   ● eine Flasche

....   ● eine Dose   ....

b Sehen Sie den Prospekt an. Sprechen Sie mit Ihrer Partnerin / Ihrem Partner.

◆ Was kostet eine Flasche Milch?
○ 78 Cent.

◆ Was kosten 100 Gramm Käse?
○ 100 Gramm Käse kosten …

○ Wie viel kostet ein Kilo Hackfleisch?
◆ …

○ Wie viel kosten sechs Eier?
◆ …

1 kg	= ein Kilo
100 gr	= 100 Gramm
1 l	= ein Liter

Sonderangebote — Aus unserer Lebensmittelabteilung

2,50 € 2,49 € 2,45 € (100 g) 2,29 € (100 g Wurst) 6,99 € (1 kg Hackfleisch)

1,89 € 0,39 € (Joghurt) 4,99 € 0,89 € 1,45 €

Tomaten 0,49 € 2,99 € 0,78 € (1 l) 1,89 € 1,09 € Reis 2,35 € 0,29 €

1 ▶ 61 **E1 Auf dem Markt**

a Was kauft Herr Graf? Hören Sie und kreuzen Sie an.

○ Kartoffeln ⟶  ○ Äpfel ○ Eier

b Wer sagt das? Kreuzen Sie an und hören Sie dann noch einmal.

	Verkäuferin	Kunde
Guten Tag, ich brauche Kartoffeln, bitte.	○	☒
Gern. Wie viel möchten Sie denn?	○	○
Zwei Kilo. Ich brauche auch noch Äpfel.	○	○
Ja, bitte. Ähm, haben Sie Eier?	○	○
Nein, tut mir leid. Sonst noch etwas?	○	○
Nein danke, das ist alles.	○	○
Das macht 5 Euro 90, bitte.	○	○

E2 Rollenspiel

a Was brauchen Sie heute? Spielen Sie ein Gespräch mit Ihrer Partnerin / Ihrem Partner.

Verkäuferin/Verkäufer	Kundin/Kunde
◆ Bitte schön?	○ Ich brauche … ○ Ich möchte … ○ Wo finde ich …?
◆ Wie viel möchten Sie denn?	○ Ein Kilo. ○ … Gramm. ○ Drei …
◆ Hier bitte. Möchten Sie sonst noch etwas?	○ Nein, danke. Das ist alles.
◆ Das macht … Euro …, bitte.	

Birnen
Kartoffeln
Äpfel
Eier
Brötchen
Zwiebeln

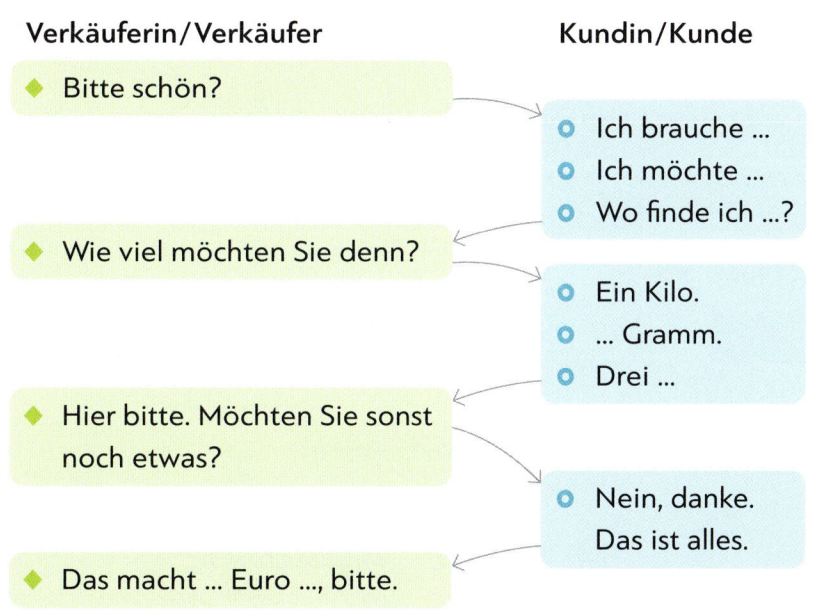

möchten	
ich	möchte
du	möchtest
er/sie	möchte
wir	möchten
ihr	möchtet
sie/Sie	möchten

b Spielen Sie noch ein Gespräch.

Im Obst- und Gemüseladen

Kundin / Kunde

Sie möchten Obst und Gemüse kaufen: 3 Birnen, 1 Kilo Äpfel und 500 Gramm Zwiebeln.

Im Obst- und Gemüseladen

Verkäuferin / Verkäufer

3 Birnen kosten 1,40 €.
1 Kilo Äpfel kostet 3,60 €.
500 Gramm Zwiebeln kosten 1,40 €.

Grammatik

1 Ja-/Nein-Frage ÜG 10.03

Frage			Antwort
Position 1			
Haben	Sie	Eier?	Ja.
Hast	du	Käse?	Nein.

Merke:

Sie haben Eier.

Haben Sie Eier?

2 Fragen: Ja-/Nein-Frage und W-Frage ÜG 10.03

Frage			Antwort
	Position 2		
Was	kostet	eine Flasche Milch?	78 Cent.
Möchtest	du	Pfannkuchen?	Ja./Nein.

3 Artikel: indefiniter Artikel und Negativartikel ÜG 2.01–2.03

	unbestimmter Artikel	Negativartikel
Singular Das ist …	• ein Apfel	• kein Apfel
	• ein Ei	• kein Ei
	• eine Birne	• keine Birne
Plural Das sind …	• – Birnen	• keine Birnen

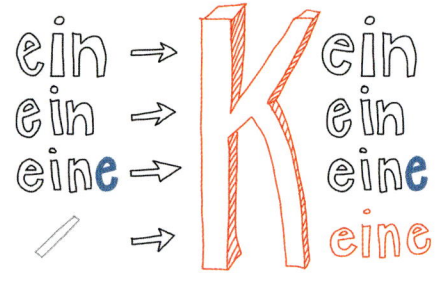

4 Nomen: Singular und Plural ÜG 1.02

Singular	Plural
• ein Apfel	• Äpfel
• ein Kuchen	• Kuchen
• ein Brot	• Brote
• ein Ei	• Eier
• eine Banane	• Bananen
• eine Kiwi	• Kiwis

Was kaufen Sie oft? Was kaufen Sie nie? Notieren Sie.

Ich kaufe oft: Äpfel, …

Ich kaufe nie: Würstchen, …

5 Verb: Konjugation ÜG 5.10

möchten	
ich	möchte
du	möchtest
er/sie	möchte
wir	möchten
ihr	möchtet
sie/Sie	möchten

Kommunikation

Nachfragen: Wie heißt das auf Deutsch?	
Was ist das?	Das ist ein Apfel.
Wie heißt das auf Deutsch?	(Das ist eine) Orange.
Ist das ein Würstchen?	Ja, genau. Das stimmt. / Nein. Das ist kein Würstchen.

Beim Einkaufen: Bitte schön?	
Bitte schön?	Ich brauche Kartoffeln.
	Haben Sie Eier?
	Ich möchte Birnen.
	Wo finde ich Zwiebeln?
Wie viel möchten Sie denn?	Ein Kilo. / ... Gramm. Drei ...
Was / Wie viel kostet ein Kilo Orangen?	Das macht (dann) 2 Euro 50, bitte.
Was / Wie viel kosten 100 Gramm Käse?	100 Gramm Käse kosten 2 Euro 45.
Gern. / Hier, bitte. (Möchten Sie) Sonst noch etwas?	Ja, bitte. / Nein, danke. Das ist alles.

Mengenangaben: ein Liter Milch
100 Gramm Käse
eine Flasche Milch
ein Liter Milch
eine Packung Salz
ein Becher Joghurt
ein Kilo Hackfleisch
eine Dose Tomaten

Preise: ein Euro zehn
0,20 € = zwanzig Cent
1,00 € = ein Euro
1,10 € = ein Euro zehn

Schreiben Sie Fragen und Antworten.

Meine Frage: Was ist das?

Antwort: Das ist _____.

Meine Frage: _____?

Antwort: _____.

Schreiben Sie ein Gespräch.

V: Bitte schön?

K: _____

V: _____

K: _____

Verkäuferin = V, Kunde = K

Sie möchten noch mehr üben?

1 | 62–64 AUDIO-TRAINING ▶

VIDEO-TRAINING

Das Lebensmittel-Alphabet

Sammeln Sie Lebensmittel von A bis Z.
Arbeiten Sie auch mit dem Wörterbuch.

A prikose
B
C   K   S
D   L   T
E   M   U
F   N   V
G   O   W
H   P   X
I   Q   Y
J   R   Z

FILM

Opas Kartoffelsalat

1 Sehen Sie den Film an. Was braucht Frau Hagen?
Ergänzen Sie den Einkaufszettel.

2 K i l o Kartoffeln

_____ Salatgurke

1 Glas saure Gurken

1 Bund Frühlingszwiebeln

_____ Knoblauchzehe

1 Glas Mayonnaise

1 B _____ Joghurt

W _____ und Essig

S _____ und Pfeffer

2 Was meinen Sie? Ist Opas Kartoffelsalat gut?

PROJEKT

Ein Gericht aus meinem Heimatland

Tortilla
aus Spanien

500 g Kartoffeln

150 g Zwiebeln

4 Eier

250 ml Olivenöl

Salz

1 **Was brauchen Sie?**
Schreiben Sie einen
Einkaufszettel.

> Kartoffeln,
> ...

2 **Kochen Sie das Gericht zu Hause
und machen Sie ein Foto.**
Zeigen Sie das Foto im Kurs.

3 **Machen Sie nun ein „Kurs-Kochbuch".**

COMIC

Haben Sie ...?

1 **Lesen Sie den Comic.**

2 **Schreiben Sie die Geschichte neu.**

Käsebrötchen Wurstbrötchen

Fischbrötchen Kuchen Hunger

> ◇ Haben Sie Käsebrötchen?
> ○ ...

Meine Wohnung

Folge 4: Ach so!

1 **Sehen Sie die Fotos an.**

a Was meinen Sie? Wo sind Tim und Lara? Umkreisen Sie.

Sie sind   in Laras Wohnung.   in Tims Wohnung.

b Zeigen Sie.

• eine Lampe   • ein Zimmer   • eine Küche   • ein Bad

1 ▶ 65–72   **c** Was meinen Sie? Kreuzen Sie an. Hören Sie dann und vergleichen Sie.

1 Die Lampe ist	**2** Das Bad ist	**3** Laras Zimmer ist
⊗ alt. ○ neu.	○ groß. ○ klein.	○ hell. ○ dunkel.

4 Laras Zimmer ist
○ teuer. ○ billig.

5 Die Küche ist
○ schön. ○ hässlich.

1 ▶ 65–72 **2 Hören Sie noch einmal. Ist das richtig oder falsch? Kreuzen Sie an.**

	richtig	falsch
Foto 1: Walter hat eine Lampe für Lara.	☒	○
Foto 2: Walter kennt Tim.	○	○
Foto 3: Das Bad ist groß.	○	○
Foto 4: Lara, Sofia und Lili wohnen zusammen.	○	○
Foto 5: Laras Zimmer ist klein und hell.	○	○
Foto 6: Tims Zimmer ist dunkel, hässlich und teuer.	○	○
Foto 7: Walter wohnt nicht hier.	○	○
Foto 8: Sofia ist die Tochter von Walter und die Mutter von Lara.	○	○

Laras und
Tims Film

A1 Sofias Traumwohnung. Ordnen Sie zu.

○ ● das Schlafzimmer   ○ ● das Bad   ○ ● der Flur   ○ ● die Küche

○ ● das Kinderzimmer   ○ ● die Toilette   1 ● der Balkon   ○ ● das Wohnzimmer

Meine Traumwohnung hat drei Zimmer!

● **der** Balkon

● **das** Bad

● **die** Küche

1 ▶ 73 A2 Hören Sie und variieren Sie.

◆ Ist hier auch eine Küche ?

○ Ja, natürlich. Die Küche

   ist dort.

Varianten:

● das Schlafzimmer

● die Toilette

● der Balkon

● der Flur

● das Kinderzimmer

● ein Balkon → ● **der** Balkon

● ein Bad → ● **das** Bad

● eine Küche → ● **die** Küche

A3 Meine Traumwohnung: Zeichnen Sie und sprechen Sie.

◆ Das ist meine Traumwohnung.

○ Oh, schön! Wo ist denn die Küche?

◆ Hier.

○ Ist das hier das Bad?

◆ Ja, das ist das Bad.

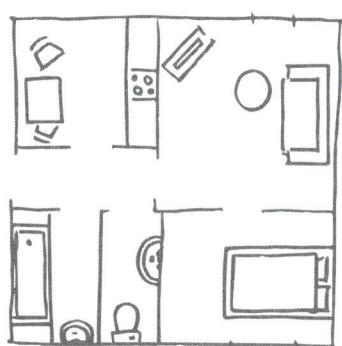

1 ▸ 74 **B1** **Wie findest du ...? Hören Sie und lesen Sie.**
Markieren Sie dann wie im Beispiel und ergänzen Sie die Tabelle.

a
◆ Der Balkon ist super.
○ Ja, er ist sehr groß.

b
◆ Das Zimmer ist sehr schön. Aber es ist teuer, oder?
○ Nein, es kostet 150 Euro.

c
◆ Wie findest du die Wohnung?
○ Sie ist sehr hell. Und sie ist billig.

● der Balkon	→	er
● das Zimmer	→	
● die Wohnung	→	

B2 **Sehen Sie die Zimmer an.**
a Was passt? Notieren Sie.

A

B

neu – alt   breit – schmal
hell – dunkel   groß – klein
billig – teuer   schön – hässlich

Zimmer A	Zimmer B
alt	neu
schmal	breit

b Sprechen Sie mit Ihrer Partnerin / Ihrem Partner.

Zimmer A ist ...
Es ist nicht ...
Es ist ...

Zimmer B ist ...
Es ist nicht ...
Es ist ...

Das Zimmer ist	groß.
	nicht groß.

B3 **Partnerspiel: Wo wohne ich? Raten Sie.**

A

B

C

D

◆ Wo wohne ich? Mein Haus ist sehr schmal. Es ist nicht teuer. Und es ist schön.
○ Ist es hell?
◆ Nein, es ist dunkel.
○ Wohnst du in Haus D?
◆ Ja, richtig.

C Die **Möbel** sind sehr schön.

C1 Möbel: Was ist was? Ordnen Sie zu und ergänzen Sie.

● die Lampe   ● der Schrank   ● der Kühlschrank   ● das Sofa   ● der Tisch   ● der Stuhl
● das Bett   ● die Waschmaschine   ● ~~der Fernseher~~   ● die Dusche   ● der Herd
● die Badewanne   ● das Waschbecken   ● der Teppich   ● das Regal   ● der Sessel

1 ....
2 der Fernseher
3 ....
4 ....
5 ....
6 ....

7 ....
8 ....
9 ....
10 ....
11 ....

12 ....
13 ....
14 ....
15 ....
16 ....

C2 Wie gefallen dir …?

1 ▶ 75 **a** Hören Sie und lesen Sie.

1
◆ Wie gefällt dir der Kühlschrank?
○ Es geht.

3
◆ Wie gefällt dir die Lampe?
○ Es geht.

2
○ Wie gefällt dir das Sofa?
◆ Sehr gut. Die Farbe ist sehr schön.

4
○ Wie gefallen dir die Schränke?
◆ Hm, nicht so gut. Sie sind alt.

> Wie gef**ä**llt dir **der** Kühlschrank?
>
> Wie gef**a**llen dir **die** Schränke?

> ☺ sehr gut | ☺ es geht | ☹ nicht so gut

b Markieren Sie *der – das – die* in a wie im Beispiel und ergänzen Sie.

● __der__ Kühlschrank			Schränke
● _____ Sofa	→	● _____	Sofas
● _____ Lampe			Lampen

c Sprechen Sie mit Ihrer Partnerin / Ihrem Partner über die Möbel in C1.

> Wie gefallen dir die Sofas?

> Sehr gut. Sie sind sehr modern.

C3 Farben und Möbel

Ordnen Sie zu. Sprechen Sie dann mit Ihrer Partnerin / Ihrem Partner über Ihre Möbel.

~~schwarz~~ weiß gelb grün rot blau braun grau

schwarz

> Mein Kühlschrank ist rot. Und dein Kühlschrank?

D Wohnungsanzeigen

1 ▶ 76 **D1 Hören Sie und sprechen Sie nach.**

100 (ein-)hundert	200 zweihundert	300 dreihundert	400 vierhundert
500 fünfhundert	600 sechshundert	700 siebenhundert	800 achthundert
900 neunhundert	1.000 tausend	10.000 zehntausend	100.000 hunderttausend

| 1.000.000 eine Million |

1 ▶ 77 **D2 Welche Zahl hören Sie? Kreuzen Sie an.**

a ☒ 100   b ○ 2 255   c ○ 240   d ○ 6 973   e ○ 89 000   f ○ 160 000
    ○ 110   ○ 2 055   ○ 340   ○ 7 972   ○ 88 000   ○ 600 000

D3 Lesen Sie und markieren Sie in zwei Farben.

Wie groß ist die Wohnung?
Was kostet sie im Monat?

A
Sie suchen eine Wohnung?
Schöne und große **3-Zimmer-Wohnung**
(**80 m²**) mit Garten 1 000,- Euro kalt.
Kontakt: 0176/142 32

C
Vermiete Apartment
36 m², Wohnraum und Küche
möbliert, TV, Kühlschrank etc.
700 € warm
von privat
E-Mail: a.hurle@gm.de

B
2-Zimmer-Wohnung
ca. 60 m² mit Balkon
750 Euro Kaltmiete
Anruf bitte unter: 08154/77 86

D
Möblierte 1-Zimmer-Wohnung
33 m², inkl. Garage
480 Euro
3 Monatsmieten Kaution
E-Mail: konrad@go.de

1 qm/m²
= ein Quadratmeter

D4 Sie suchen eine Wohnung. Welche Anzeige passt? Ergänzen Sie.

a   Sie möchten eine Wohnung mit Balkon.   ....

b   Sie möchten nur 600 bis 700 Euro Miete bezahlen.   ....

c   Sie haben keine Familie und keine Möbel.   D

1 ▸ 78 **E1** **Hören Sie das Telefongespräch.**
Was fragt Frau Häusler? Umkreisen Sie.

Welche Farbe hat der Tisch?   Wo wohnen Sie?   Wie groß ist er?

(Was kostet er?)   Was verkaufen Sie?

Schreibtisch, sehr
schön, nur ein Jahr alt.
Tel.: 089/83 81 293

E2 **Ein Telefongespräch führen**

1 ▸ 78 **a** Hören Sie noch einmal und lesen Sie.

◆ Schuster. Hallo.

○ Hallo, hier ist Häusler. Sie verkaufen einen Schreibtisch, richtig?

◆ Ja, genau.

○ Gut. Welche Farbe hat der Tisch?

◆ Er ist braun.

○ Aha, das ist gut. Wie groß ist er?

◆ Er ist zwei Meter lang und 60 Zentimeter breit.

○ Aha, gut! Und was kostet er?

◆ 120 Euro.

○ Oh, das ist teuer. Aber danke für die Information.

◆ Gern. Auf Wiederhören.

○ Auf Wiederhören.

b Lesen Sie das Gespräch mit Ihrer Partnerin / Ihrem Partner laut.

c Arbeiten Sie zu zweit. Wählen Sie eine Anzeige und eine Rolle.

Von privat: Sofa, rot. Tel. 97 35 63	Fernseher: schwarz. Tel. 0174/93 12 586	Kühlschrank: 85 cm hoch. Tel. 202/5123	ein Zentimeter = 1 cm ein Meter = 1 m

Notieren Sie: Welche Fragen stellt die Käuferin / der Käufer?
Was antwortet die Verkäuferin / der Verkäufer?
Spielen Sie dann das Telefongespräch (wie in a).

◇ Wie alt ist ...?
○ 3 Jahre

Grammatik

1 Definiter Artikel ÜG 2.01, 2.02

• ein Balkon	→	• der Balkon
• ein Bad	→	• das Bad
• eine Küche	→	• die Küche

• der Kühlschrank			Schränke
• das Sofa	→	• die	Sofas
• die Lampe			Lampen

		definiter Artikel
Singular	Hier ist	• der Balkon.
	Hier ist	• das Bad.
	Hier ist	• die Küche.
Plural	Hier sind	• die Kinderzimmer.

TiPP

Notieren Sie Wörter immer mit *der*, *das*, *die* und mit Farbe.

2 Personalpronomen ÜG 3.01

		Personalpronomen
	Wo ist ...	
Singular	• der Balkon?	Er ist dort.
	• das Bad?	Es ist dort.
	• die Küche?	Sie ist dort.
	Wo sind ...	
Plural	• die Kinderzimmer?	Sie sind dort.

3 Negation ÜG 9.01

Das Zimmer ist nicht groß.
Walter wohnt nicht hier.

Singular	Hier ist	• kein Flur.
	Hier ist	• kein Bad.
	Hier ist	• keine Küche.
Plural	Hier sind	• keine Möbel.

Schreiben Sie Sätze mit *nicht* oder *kein(e)*.

– Die Küche ist schön!
– Das Haus ist groß!
– Lara und Tim wohnen in Berlin.
– Das ist ein Haus.
– Das ist eine Lampe.

Die Küche ist nicht schön.

Gefallen/Missfallen: Wie gefällt dir die Lampe?	
Wie gefällt dir die Lampe?	Sehr gut.
Wie gefallen dir die Schränke?	Gut.
	Es geht.
	Nicht so gut.

Nach dem Ort fragen: Wo ist denn die Küche?	
Wo ist denn die Küche?	Hier./Dort.
Ist hier auch eine Küche?	Ja. Dort. Die Küche ist hier./dort.
Ist das hier das Bad?	Ja, das hier ist das Bad.

Beschreiben: Wie findest du …?	
Wie findest du …?	Es ist teuer. Sie ist nicht teuer.
Wie lang/breit/hoch/… ist der Tisch?	Zwei Meter.
Wie groß ist der Schreib-tisch?	Er ist zwei Meter lang und 60 Zentimeter breit.
Welche Farbe hat der Tisch?	Er ist braun.

Wie ist Ihr (Traum-)Zimmer / Ihre (Traum-)Wohnung? Schreiben Sie.

Ich habe ein Zimmer und eine Küche. Das Zimmer ist nicht groß. …

Ein Telefongespräch führen: Sie verkaufen …, richtig?	
Hallo, hier ist …. Sie verkaufen …, richtig?	Ja, genau.
Wie groß/breit/hoch ist er/es/sie?	… Zentimeter/Meter breit/…
Wie alt ist er/…?	Ein Jahr/Zwei Jahre alt.
Was kostet er/es/sie?	… Euro.

Sie möchten noch mehr üben?

1 | 79–81
AUDIO-TRAINING

VIDEO-TRAINING

Zwischendurch mal ...

SCHREIBEN

1 Lesen Sie die Anzeige und markieren Sie:

a Wie groß ist das Zimmer?
b Was kostet das Zimmer?
c Welche Möbel gibt es?

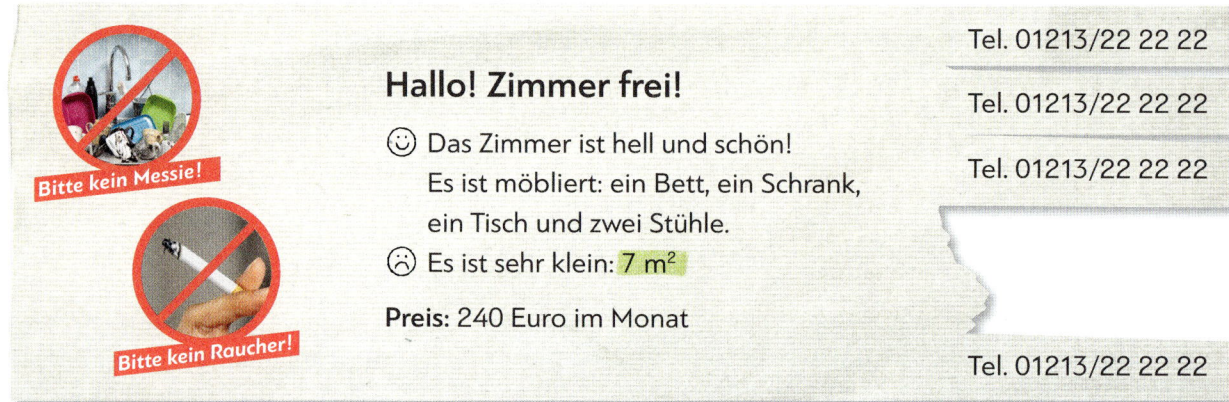

Tel. 01213/22 22 22

Tel. 01213/22 22 22

Tel. 01213/22 22 22

Tel. 01213/22 22 22

Hallo! Zimmer frei!

☺ Das Zimmer ist hell und schön!
   Es ist möbliert: ein Bett, ein Schrank,
   ein Tisch und zwei Stühle.
☹ Es ist sehr klein: 7 m²

Preis: 240 Euro im Monat

Bitte kein Messie!

Bitte kein Raucher!

2 Schreiben Sie eine Anzeige für Ihr Zimmer und für Ihr Traumzimmer.

Hallo! Zimmer frei!!
☺ Das Zimmer ist ...

SPIEL

1 Arbeiten Sie zu zweit.
Zeichnen Sie 10 Möbel auf Karten und schreiben Sie die Wörter auf Karten.

der Stuhl

der Teppich

2 Das Spiel. Wer findet die meisten Kartenpaare?

der Stuhl

Der Stuhl.

Ja, richtig!

LIED MIT FILM

Das ist die Küche.

1 Sehen Sie den Film an. Welche Zimmer sehen Sie? Notieren Sie.

Küche,

2 Lesen Sie den Liedtext und sehen Sie den Film noch einmal an.
Singen Sie mit und machen Sie die Bewegungen.

1 Das ist die **Küche**.
Die Küche ist sehr **klein** und leider ziemlich **dunkel**.

2 Das ist das **Wohnzimmer**.
Das Wohnzimmer ist **groß** und es ist sehr **hell**.

3 Das ist das **Schlafzimmer**.
Das Schlafzimmer ist **schön** und es ist sehr **ruhig**.

4 Das ist das **Haus**.
Das Haus ist sehr **groß**, aber es ist **teuer**.

Mein Tag

Folge 5: Von früh bis spät

1 **Sehen Sie die Fotos an.**
Wo ist Lara auf Foto 1 und 8? Was macht sie? Kreuzen Sie an.

a ○ Sie ist im Kurs. b ○ Sie ist die Lehrerin.
   ○ Sie ist zu Hause.   ○ Sie macht eine Präsentation.

2 ▶ 1–8 **2** **Sehen Sie die Fotos an und hören Sie. Was macht Lara?**
Schreiben Sie die Wörter auf Zettel. Was passt? Legen Sie die Zettel zu den Fotos.

aufräumen   einkaufen   Musik hören

frühstücken   spazieren   eine Präsentation
               gehen   machen

kochen   aufstehen   Deutschkurs haben

3

4

8

2 ▶ 1–8 **3** **Wer macht das? Hören Sie noch einmal und umkreisen Sie.**

a (Lara) Sofia steht um Viertel nach sieben auf.

b Lara und Lili Lara, Sofia und Lili frühstücken zusammen.

c Lara Lili räumt die Küche auf.

d Lara Sofia hat Deutschkurs.

e Lili Lara geht spazieren oder kauft ein oder räumt auf.

f Sofia Lara kocht das Abendessen.

g Lara Sofia ist am Abend müde.

h Lara, Sofia und Lili Sofia und Lili essen zusammen.

i Lara Sofia ruft am Abend die Familie an.

Laras Film

A Ich **räume** mein Zimmer **auf**.

A1 Was macht Lara?

a Lesen Sie und ergänzen Sie die Tabelle.

Lara steht früh auf.

Sie ruft die Familie an.

Sie kauft im Supermarkt ein.

Lara sieht heute fern.

A	Lara	steht	früh	auf.
B				
C				
D				

b Ergänzen Sie.

1 auf✂stehen: Lara steht früh _auf_ .
2 ein✂kaufen: Sie kauft im Supermarkt _____ .
3 an✂rufen: Sie ruft die Familie _____ .
4 fern✂sehen: Sie sieht heute _____ .

ich	sehe fern
du	siehst fern
er/sie	sieht fern

A2 Sofias Tag: Schreiben Sie und vergleichen Sie mit Ihrer Partnerin / Ihrem Partner.

a mit Lara und Lili frühstücken
b zur Arbeit gehen
c lange arbeiten
d mit Lili spielen
e im Supermarkt ein✂kaufen
f die Wohnung auf✂räumen
g mit Lara und Lili essen
h ein bisschen fern✂sehen

a Sofia frühstückt mit Lara und Lili.

ich	arbeite	esse
du	arbeitest	isst
er/sie	arbeitet	isst

A3 Ihre Kursleiterin / Ihr Kursleiter fragt: Wer ... gern?

Machen Sie das gern? Dann stehen Sie auf.

Wer frühstückt gern?

A4 Was machen Sie gern? Was machen Sie nicht gern?

a Kreuzen Sie an.

	😊 gern	🙁 nicht gern
früh aufstehen		X
fernsehen		
die Wohnung aufräumen		
kochen		
die Familie anrufen		
arbeiten		
im Supermarkt einkaufen		
spazieren gehen		
Musik hören		
frühstücken		
Schokolade essen		
Hausaufgaben machen		

b Schreiben Sie sechs Fragen für Ihre Partnerin / Ihren Partner.

> Stehst du gern früh auf?
> Siehst du gern fern?

Stehst du gern früh auf?

c Fragen Sie Ihre Partnerin / Ihren Partner und antworten Sie.

○ Stehst du gern früh auf?
◆ Nein, ich stehe nicht gern früh auf.

◆ Siehst du gern fern?
○ Ja, ich sehe gern fern.

A5 Mein Tag

Machen Sie Fotos von Ihrem Tag und zeigen Sie die Fotos im Kurs. Sprechen Sie.

> Schau mal, ich räume mein Zimmer auf.

B1 Wie spät ist es?

a Ordnen Sie zu.

~~20 nach ...~~   5 nach halb ...   20 vor ...   Viertel nach ...

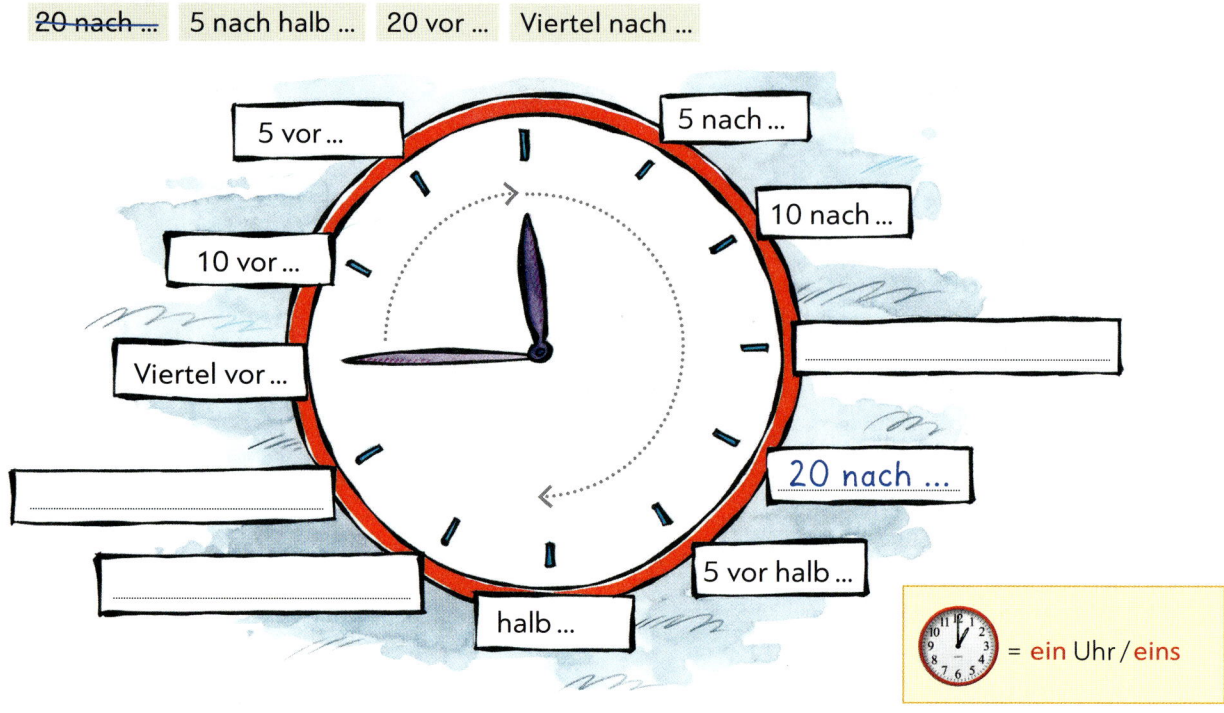

5 vor ...

5 nach ...

10 vor ...

10 nach ...

Viertel vor ...

20 nach ...

5 vor halb ...

halb ...

= ein Uhr / eins

2 ▶ 9   **b** Hören Sie und variieren Sie.

◆ Wie spät ist es jetzt? Ist es schon zwölf ?

○ Nein. Es ist erst Viertel vor zwölf .

Varianten:

2 ▶ 10–12 ### B2 Hören Sie die Gespräche. Schreiben Sie die Uhrzeit.

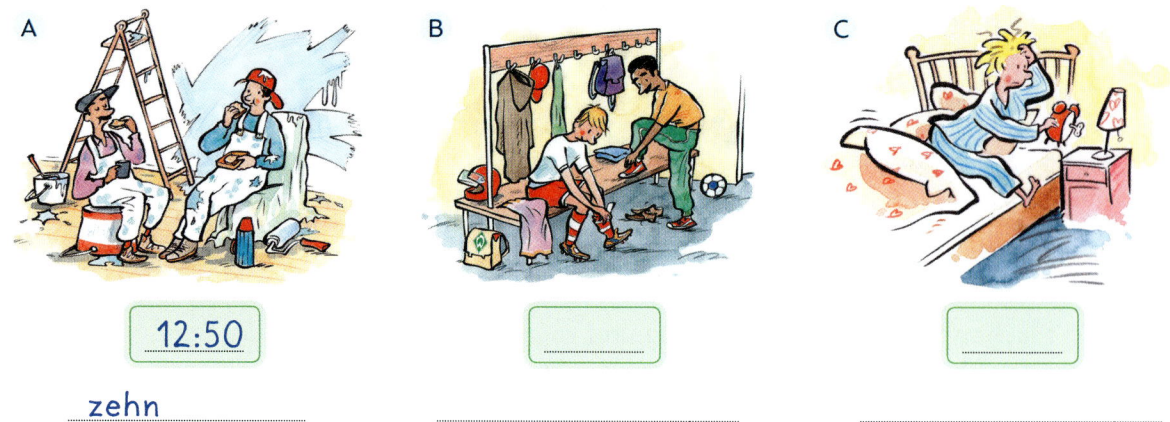

A

B

C

12:50

zehn

B3 Zeichnen Sie vier Uhrzeiten.

Fragen Sie Ihre Partnerin / Ihren Partner: Wie spät ist es?

C1 Die Wochentage. Ordnen Sie zu.

Freitag ~~Mittwoch~~ ~~Donnerstag~~ Montag Samstag Dienstag Sonntag

| M_____tag | D_____tag | M**ittwoch** | D**onners** tag | F_____tag | S_____tag | S_____tag |

C2 Wann ist der Deutschkurs?

2 ▸ 13 **a** Hören Sie Laras Sprachnachricht. Was ist richtig? Kreuzen Sie an.

1 Der Deutschkurs fängt **um** halb drei an. ○
2 Der Kurs ist von neun Uhr bis drei Uhr. ○
3 Der Kurs ist von Montag bis Freitag. ○
4 Lara hat am Freitag und am Wochenende frei. ○

ich	fange an
du	fängst an
er/sie	fängt an

b Markieren Sie in a und ergänzen Sie.

Wann?	**Um** halb drei
	_____ neun Uhr _____ drei Uhr
	_____ Montag _____ Freitag
	_____ Freitag / Wochenende

> am Wochenende
> = am Samstag und am Sonntag

C3 Hören Sie und variieren Sie.

2 ▸ 14

◆ Ich mache am Freitag eine Party. Hast du Zeit?
○ Ja klar. Um wie viel Uhr fängt die Party denn an?
◆ Um sieben Uhr.
○ Ich komme gern.

Varianten:

Samstag –  Sonntag –

C4 Interview

Zu viert: Schreiben Sie vier Fragen. Fragen Sie und antworten Sie.

a Von wann bis wann schläfst du von Montag bis Freitag?

b Wann spielst du Fußball?

◆ Von wann bis wann schläfst du von Montag bis Freitag?
○ Von elf Uhr bis sieben Uhr.

ich	schlafe
du	schläfst
er/sie	schläft

D Tageszeiten

D1 Ordnen Sie zu.

~~am Mittag~~   am Morgen   am Abend   am Nachmittag   ~~am Vormittag~~   ~~in der Nacht~~

am Vormittag

am Mittag

in der Nacht

D2 Hören Sie das Gespräch. Was macht Robert am Samstag? Kreuzen Sie an.

2 ▶ 15

Sport machen   fernsehen   Pizza essen   Computerspiele spielen

Musik hören   ins Kino gehen   einkaufen   chatten   kochen

D3 Was macht Robert wann?

2 ▶ 15 **a** Hören Sie noch einmal und verbinden Sie.

1 am Morgen   a ins Kino gehen
2 am Vormittag   b Computerspiele spielen
3 am Mittag   c Sport machen
4 am Nachmittag   d chatten
5 am Abend   e Kaffee trinken
6 in der Nacht   f Pizza essen

Wann?	am Vormittag
	⚠ in der Nacht

b Schreiben Sie Sätze.

> Am Morgen trinkt Robert Kaffee.
> Am Vormittag ...

Robert	trinkt	*am Morgen*	Kaffee.
Am Morgen	trinkt	Robert	Kaffee.

D4 Ihr Tag. Schreiben Sie sechs Sätze.

> Am Morgen stehe ich früh auf. Am Vormittag lerne ich Deutsch.
> Am Nachmittag ...

2 ▶ 16–18
E1 Öffnungszeiten: Wann ist geöffnet?

a Hören Sie und ordnen Sie zu.

A

Dr. Annette Krönke
Kinder- und Jugendärztin

Sprechzeiten:
Mo – Do 8.30 – 12.00 Uhr
14.00 – 16.30 Uhr
Fr 8.30 – 12.00 Uhr
Terminvereinbarung
unter 030/700 70

B

KINDERGARTEN
ST. RAPHAEL

Eichwaldstraße 128
10785 Berlin
www.kiga-raphael.com
Tel. 030/2 61 50 96

Öffnungszeiten:
Montag bis Freitag
7.30 – 17.00 Uhr

C

Elektro Schuster
– Ihr Elektrogeschäft mit Herz

Geschäftszeiten:
Mo, Di, Do, Fr
8.00 – 18.30
Mi 8.00 – 12.00
Sa 8.00 – 13.00

Ansage	1	2	3
Schild	B		

b Wie sagen die Personen die Uhrzeit? Hören Sie noch einmal und umkreisen Sie.

1 Der Kindergarten ist bis 17 Uhr   fünf Uhr   geöffnet.
2 Das Elektrogeschäft ist am Samstag bis 13 Uhr   ein Uhr   geöffnet.
3 Die Praxis schließt von Montag bis Donnerstag um 16 Uhr 30.   halb fünf.

E2 Schreiben Sie die offiziellen und die nicht-offiziellen Uhrzeiten.

A `19:30` B `08:15` C `22:30` D `13:50` E `17:45` F `16:20`

	offiziell	nicht-offiziell
A	neunzehn Uhr dreißig	halb acht
B	acht Uhr fünfzehn	Viertel nach acht

E3 „Ihr Geschäft": Schreiben Sie ein Schild. Sprechen Sie dann eine Ansage.

Alias syrische Spezialitäten
Öffnungszeiten:
Mo – Fr: 9:00 – 19:30 Uhr

> Alias syrische Spezialitäten. Die Öffnungszeiten sind: Von Montag ...

Grammatik

1 Trennbare Verben ÜG 5.02

auf⊁räumen	→ Ich räume auf.
auf⊁stehen	→ Lara steht auf.
ein⊁kaufen	→ Lara kauft ein.

auch so: anrufen, fernsehen, anfangen

Was passt zusammen? Verbinden Sie.

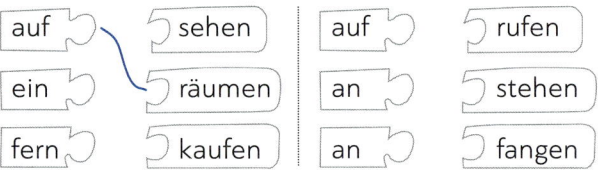

2 Trennbare Verben im Satz ÜG 10.02

	Position 2		Ende
Ich	räume	mein Zimmer	auf.
Lara	steht	früh	auf.
Lara	kauft	im Supermarkt	ein.
Stehst	du	gern früh	auf?

3 Temporale Präpositionen ÜG 6.01

Wann gehen Sie zum Deutschkurs?	
am Vormittag *aber:* in der Nacht	Tageszeit
am Montag von Montag bis Freitag	Tag
um halb drei um Viertel vor/nach acht von neun bis drei (Uhr)	Uhrzeit

Was machen Sie wann? Schreiben Sie.

– Wann stehen Sie auf?
– Wann gehen Sie zum Deutschkurs?
– Wann arbeiten/lernen Sie?

Am Morgen
stehe ich um ...

4 Verb: Konjugation ÜG 5.01, 5.02

	anfangen	arbeiten	essen	fernsehen	schlafen
ich	fange an	arbeite	esse	sehe fern	schlafe
du	fängst an	arbeitest	isst	siehst fern	schläfst
er/sie	fängt an	arbeitet	isst	sieht fern	schläft
wir	fangen an	arbeiten	essen	sehen fern	schlafen
ihr	fangt an	arbeitet	esst	seht fern	schlaft
sie/Sie	fangen an	arbeiten	essen	sehen fern	schlafen

Merke:

arbei**t**en – er/sie arbeit │✓ t

fin**d**en – er/sie find │✓ t

kos**t**en – das kost │✓ t

5 Verb: Position im Hauptsatz ÜG 10.01

Position 2			
Robert	trinkt	am Morgen	Kaffee.
Am Morgen	trinkt	Robert	Kaffee.

Uhrzeit: Wie spät ist es?	
Wie spät ist es (jetzt)?	(Es ist) Sieben / Neunzehn Uhr.
	(Es ist) Acht Uhr dreißig. / (Es ist) Halb neun.
Ist es schon zwölf?	Nein. Es ist erst Viertel vor zwölf.
Von wann bis wann schläfst du von Montag bis Freitag?	Von elf Uhr bis sieben Uhr.

Öffnungszeiten: Wann ist … geöffnet?	
Wann ist der … geöffnet?	(Von Montag bis Freitag) Von 7 Uhr 30 bis 17 Uhr.
	Die Praxis schließt von Montag bis Donnerstag um halb fünf.

Verabredung: Hast du Zeit?	
Ich mache am Freitag eine Party.	
Hast du Zeit?	Ja klar. Um wie viel Uhr fängt die Party denn an?
Um sieben Uhr.	Ich komme gern.

Vorlieben: Stehst du gern früh auf?
Stehst du gern früh auf?
Ich stehe nicht gern früh auf.
Ich sehe gern fern.

Wann ist … geöffnet? Schreiben Sie.

SUPERMARKT Mo – Sa 7.00 – 20.00 Uhr	**Kindergarten** Mo – Fr 8.00 – 18.00 Uhr

Praxis
Mo – Do 8 – 18, Fr 7.30 – 12.00 Uhr

Der Supermarkt …
Der Kindergarten …
Die Praxis …

Sehen Sie in Ihren Kalender und notieren Sie Ihre Antwort.

Hast du am Samstag um acht Zeit? Ich gehe ins Kino.

Das mache ich gern! Schreiben Sie fünf Sätze.

1. …
2. …

Sie möchten noch mehr üben?

2 | 19 – 21 AUDIO-TRAINING

VIDEO-TRAINING

Veras Tag

6.00 aufstehen

7.15 die Kinder in
die Kita bringen

7.45 – 16.00 arbeiten

17.00 die Kinder von
der Kita abholen

17.30 kochen

18.00 essen

18.30 mit Tom und
Luka spielen

19.30 die Kinder ins
Bett bringen

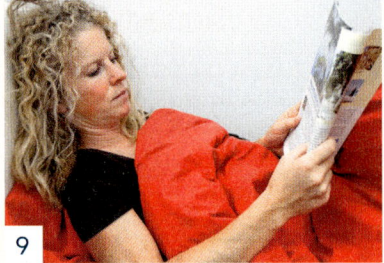

22.00 ins Bett gehen

Hallo. Ich heiße Vera Szipanski und bin 33 Jahre alt. Ich bin geschieden und habe zwei Söhne. Tom ist vier und Luka zwei. Tom und Luka gehen in die Kita. Wir wohnen in Stuttgart. Mein Ex-Mann lebt jetzt in der Schweiz. Meine Eltern wohnen in Norddeutschland. Ich habe die Kinder also jeden Morgen, jeden Abend und am Wochenende natürlich den ganzen Tag. Ich hätte gern mehr Zeit für mich. Zum Beispiel möchte ich mal wieder ins Kino gehen. Aber am Abend bin ich total müde und möchte nur noch ins Bett.

Kita = Kindertagesstätte

Sehen Sie die Fotos an und lesen Sie den Text.
Schreiben Sie sechs Sätze über Vera.

Um 6 Uhr steht Vera auf.

Lesen Sie den Text und notieren Sie Informationen.

Franziska
Alter: 23
Wohnort: ...

Wohnung: ...
Arbeit: ...
Freund: ...
Hobbys: ...

Hallo! Ich bin Franziska.

Ich bin Franziska. Ich bin 23 Jahre alt. Ich bin Zahnarzthelferin und mag meinen Beruf. Ich wohne in Mainz. Meine Wohnung hat ein Zimmer, eine Küche und ein Bad. Sie ist nicht teuer und gefällt mir sehr gut. Mein Hobby ist Klettern. Mein Freund Nicolas ist 24 und stu-

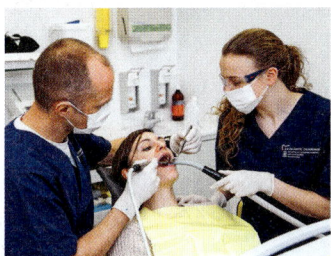

diert in Göttingen. Von Mainz nach Göttingen sind es 250 Kilometer. Ich sehe Nicolas also nicht so oft. Leider!

So ist mein Tag.

1 Sehen Sie eine Fotoreportage über Franziska an.
Was macht Franziska wann? Verbinden Sie.

a 7 Uhr
b 8 Uhr bis 13 Uhr
c 13 Uhr bis 15 Uhr
d 15 Uhr bis 18 Uhr
e 18 Uhr bis 23 Uhr

1 arbeiten
2 Mittagspause haben
3 aufstehen
4 frei haben
5 arbeiten

2 Sehen Sie die Reportage noch einmal an.
Notieren Sie zu zweit: Was macht Franziska? Vergleichen Sie dann im Kurs.

aufstehen – frühstücken –

3 Sprechen Sie über Franziskas Tag.

Um 7 Uhr steht Franziska auf.
Sie frühstückt um 7 Uhr 30.

Freizeit

Folge 6: Der Käsemann

1   Sehen Sie die Fotos an.

a   Wer macht was? Zeigen Sie und sprechen Sie.

> einen Ausflug machen   Auto fahren   wandern
>
> Nachrichten schreiben   ein Picknick machen
>
> Gitarre und Mundharmonika spielen   telefonieren

> Lara, Lili, Sofia und Walter machen einen Ausflug.

> Hier, Foto 6: Tim telefoniert.

b   Wie ist das Wetter? Kreuzen Sie an.

1

○ Die Sonne scheint.

2

○ Es regnet.

3

○ Es gibt Wolken.

2 ▶ 22–29   **2   Sehen Sie die Fotos an und hören Sie. Was ist in der Dose?**

2 ▶ 22–29 **3** **Hören Sie noch einmal und ordnen Sie zu.**

Nachricht Ausflug ~~Hunger~~ ~~Wetter~~ Dose Würstchen Auto Picknick

a Das _Wetter_ ist nicht so schön.

b Familie Baumann und Lara machen einen _____.

c Sie gehen los, aber Sofia vergisst die _____.

d Lili hat _Hunger_ .

e Aber Lili möchte keine _____ essen.

f Lara schreibt Tim eine _____.

g Die Dose ist auf dem _____. Tim bringt die Dose mit.

h Das _____ ist super. Alle haben Spaß.

4 **Erzählen Sie.**
Wandern Sie gern? Machen Sie gern Picknick?
Machen Sie gern Musik?

Ich wandere gern.

Wandern finde ich …

Laras Film

A Das **Wetter** ist nicht so schön.

A1 Ordnen Sie zu.

- ○ Es regnet.
- ○ Es sind 25 Grad. Es ist warm.
- ○ Die Sonne scheint.
- ○ Es ist windig.
- ○ Es sind nur sieben Grad. Es ist kalt.
- Ⓐ Es schneit.
- ○ Es ist bewölkt.

A B C D

E F G

A2 Wetterberichte

a Wie ist das Wetter heute? Sehen Sie die Wetterberichte im Internet an und ordnen Sie zu.

1

www.europawetter-heute.de

| heute | Mi | Do | Fr | Sa | So |

Deutschland: Im Norden und in der Mitte Deutschlands scheint heute die Sonne. Die Temperaturen steigen auf 20 Grad. Im Süden ist es windig und nicht so warm. Maximal 17 Grad. Morgen überall sonnig und Temperaturen um 23 Grad.

2

Heute Regen		+1° – +7°C
Mi bewölkt		+2° – +8°C
Do bewölkt		+2° – +8°C
Fr Schnee		-1° – +2°C
Sa und So bewölkt		-2° – +4°C

+8°C (plus) acht Grad
-3°C   minus drei Grad / drei Grad unter Null

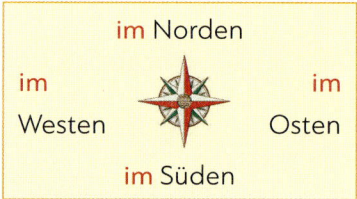

im Norden

im Westen   im Osten

im Süden

A    ○

B    ○

b Was ist richtig? Lesen Sie noch einmal und kreuzen Sie an.

1
- ○ Im Süden regnet es heute.
- ○ Morgen ist es in ganz Deutschland warm.

2
- ○ Morgen sind es maximal sieben Grad.
- ○ Am Freitag schneit es.

2 ▸ 30–31 **c** Welcher Wetterbericht im Radio passt zu welchem Text in a? Hören Sie und ordnen Sie zu.

Wetterbericht		
Text	1	2
Radio		

A3 **Wie ist das Wetter in Ihrem Heimatland?**

a Machen Sie Notizen.

Bulgarien
im Frühling: circa 12 Grad
im Sommer: circa 30 Grad, heiß, Sonne

im	Frühling
	Sommer

der Frühling   der Sommer   der Herbst   der Winter

b Sprechen Sie in Gruppen.

Wie ist das Wetter in Bulgarien?

Im Frühling ist das Wetter nicht so gut. Es sind circa 12 Grad. Im Sommer ist das Wetter sehr gut. Es ist heiß. Es sind circa 30 Grad. Die Sonne scheint.

Im	Frühling Sommer Herbst Winter	ist das Wetter	(sehr) gut. (sehr) schön. nicht so gut. nicht so schön. schlecht.

c Welches Wetter mögen Sie gern? Sprechen Sie mit Ihrer Partnerin / Ihrem Partner.

◆ Ich mag Regen gern. Und du?
○ Ich finde Regen nicht schön. Ich mag Sonne! Und ich finde Wind angenehm.

Ich mag			gern. nicht (so) gern.
	Sonne Regen Wind Schnee		
Ich finde			super. angenehm. schön. nicht (so) schön.

B Hast du **den** Käse?

2 ▶ 32 **B1** Hören Sie und ergänzen Sie.

◆ Sag mal, Sofia: Hast du _den_ Käse?

○ Moment mal, wo ist denn _____ Käse? ...
Hier, Papa. Ich habe _____ Käse, siehst du?

Hast du	• den Käse?
	• das Fleisch?
	• die Milch?
	• die Würstchen?

2 ▶ 33 **B2** Hören Sie und variieren Sie.

◆ Wo ist der Saft ? Hast du den Saft ?

○ Oh, tut mir leid, den Saft habe ich nicht.

Varianten:

• das Fleisch • der Kaffee • die Würstchen
• der Käse • der Kuchen • die Milch

B3 Am Kiosk

a Sehen Sie die Speisekarte an. Was möchten Sie essen und trinken? Notieren Sie.

Kleine Speisen

• Currywurst
• 2 Wiener Würstchen mit Kartoffelsalat
• Pizza Tomate-Käse
• Pizza Salami
• Hamburger
• 1 Portion Pommes (Ketchup / Mayonnaise)
• Salat mit • Ei und • Schinken

Getränke

• Mineralwasser
• Apfel-/Orangensaft
• Cola
• Bier

Unsere Spezialität

• Bananenpfannkuchen

Hamburger
Mineralwasser

b Spielen Sie ein Gespräch mit Ihrer Partnerin / Ihrem Partner.

◆ Ich möchte einen Hamburger und ein
Mineralwasser. Du auch?

○ Ich weiß nicht. Nein, ich möchte keinen
Hamburger. Ich möchte eine Pizza. Und
ich trinke einen Apfelsaft.

Ich möchte/ trinke	• einen/keinen	Apfelsaft.
	• ein/kein	Wasser.
	• eine/keine	Cola.
	• – /keine	Säfte.

C Haben wir den Käse **nicht** dabei? – **Doch**. **6**

C1 Gespräche beim Picknick

2 ▶ 34 **a** Hören Sie und lesen Sie.

1

◆ Was? Haben wir den Käse nicht dabei?

○ <mark>Doch!</mark> Hier, Papa! Ich habe den Käse.

2

◆ Hast du keinen Hunger mehr?

▲ Doch! Aber ich möchte lieber Käse!

3

○ Möchtest du ein Würstchen?

▢ Oh ja, gern. Danke, Sofia.

4

▢ Lili? Möchtest du auch ein Würstchen?

▲ <mark>Nein</mark>, danke.

b Markieren Sie *ja – nein – doch* in a und ergänzen Sie.

Möchtest du ein Würstchen?	☺ _____	☹ Nein.
Haben wir den Käse nicht dabei?	Doch.	Nein.
Hast du keinen Hunger mehr?	_____	Nein.

2 ▶ 35 ### C2 Hören Sie das Gespräch und variieren Sie.

◆ Wer möchte eine Currywurst ?

○ Ich möchte eine Currywurst !

◆ Hey, Lukas, nimmst du keine Currywurst ?

▲ Nein, ich habe keinen Hunger.

◆ Und eine Cola ? Möchtest du keine Cola ?

▲ Doch, sehr gern.

Varianten:

● eine/keine Pizza – ● einen/keinen Apfelsaft

● ein/kein Eis – ● ein/kein Wasser   ...

ich	nehme
du	nimmst
er/sie	nimmt

C3 Schreiben Sie vier Fragen mit *nicht* oder *kein/keine/keinen* und fragen Sie Ihre Partnerin / Ihren Partner.

◆ Hast du keinen Hund?

○ Nein.

◆ Besuchst du nicht gern Freunde?

○ Doch. Ich besuche gern Freunde.

Hast du keinen Hund?
Besuchst du nicht gern Freunde?
Hast du keinen Durst?
Sprichst du kein Englisch?

D Freizeit und Hobbys

D1 Sehen Sie die Fotos an und ordnen Sie zu.

wandern   schwimmen   spazieren gehen   ~~tanzen~~
Freunde treffen   Fahrrad fahren   fotografieren   grillen

A
tanzen

B
....

C
....

D
....

E
....

F
....

G
....

H
....

D2 Meine Hobbys

a Was machen Sie gern? Umkreisen Sie und notieren Sie weitere Hobbys.

tanzen   wandern   schwimmen   spazieren gehen   Freunde treffen   Fahrrad fahren
fotografieren   grillen   Musik hören   einen Ausflug machen   telefonieren

Fußball spielen, ...

b Was machen Sie in der Freizeit? Sprechen Sie in Gruppen.

◆ Ich spiele gern Fußball und ich schwimme gern.
Ich mache gern Sport. Was sind deine Hobbys?

○ Meine Hobbys sind Kochen und Lesen.
Ich finde Krimis interessant. Liest du auch gern?

◆ Nein, nicht so gern. Ich sehe gern Filme.
Und ich treffe gern Freunde. Das macht Spaß.

Was sind deine Hobbys?	Meine Hobbys sind ...
Was machst du gern?	Ich ... gern. Das macht Spaß.
	Ich finde ... gut. / interessant.

ich	treffe	lese	fahre
du	triffst	liest	fährst
er/sie	trifft	liest	fährt

D3 Lesen Sie die Profile von Berhan und Janina.

Machen Sie eine Tabelle und notieren Sie die Informationen.

Berhan Gül

Wohnort:	Ich lebe in Kiel (Deutschland).
Alter:	Ich bin 30.
Freizeit:	Ich spiele Gitarre und ich schwimme. Ich mache gern Computerspiele. Ich lese viel. Und ich gehe mit Basti spazieren (das ist mein Hund). Ich grille auch sehr gern.
Lieblingsmusik:	Gitarrenmusik
Lieblingsfilm:	Alle James Bond-Filme
Das ist wichtig:	Meine Familie, Basti … … und gute Grillwürstchen! 😊

Janina Seltschik

Hallo, ich heiße Janina Seltschik. Ich wohne in Ludwigshafen und bin Verkäuferin. Ich bin 28 Jahre alt. In meiner Freizeit tanze ich gern. Meine Lieblingsmusik ist Techno. Ich habe ein ganz besonderes Hobby: Ich sammle Mützen. Andere Leute finden vielleicht Computerspiele toll oder sie machen Sport. Für mich sind Mützen sehr wichtig. Warum? Ganz einfach: Ich liebe Mützen!

Ich mache alle meine Mützen selbst. Das geht ganz schnell: Zack! Und schon habe ich wieder eine. Es sind schon circa 200 Mützen. Das ist leider auch ein Problem: Ich habe keinen Platz mehr im Schrank. Oh, wie dumm! Möchten Sie eine Mütze?

	Berhan	Janina
wohnt in …		
Alter		
Freizeit	Gitarre spielen,	Mützen sammeln,
Lieblings…	Musik: Gitarrenmusik Film:	Musik:

D4 Schreiben Sie ein Profil über sich. Wählen Sie Variante A oder B.

A Nesrin
Wohnort: Ich lebe in Lüneburg.
Freizeit: Ich gehe gern spazieren.
Lieblingsfilm: Star Wars
Das ist wichtig: Meine Eltern, …

B Hallo, ich heiße Nesrin und wohne in Lüneburg. Ich bin …
In meiner Freizeit …
Mein Lieblingsbuch / Meine Lieblingsmusik / Mein Lieblingsfilm ist …

Grammatik

1 Akkusativ: definiter Artikel `ÜG` 2.01, 2.02

	Nominativ	Akkusativ
	Wo ist/sind ...	Ich habe ...
Singular	● der Käse?	● den Käse.
	● das Fleisch?	● das Fleisch.
	● die Milch?	● die Milch.
Plural	● die Würstchen?	● die Würstchen.

TiPP

Lernen Sie Regeln mit Situationen und Beispielen.

Hast du den Käse?

Moment mal ..., wo ist denn der Käse?

2 Akkusativ: indefiniter Artikel und Negativartikel `ÜG` 2.01, 2.02, 2.03

	Ich möchte ...	Ich habe ...
Singular	● einen Saft.	● keinen Saft.
	● ein Wasser.	● kein Wasser.
	● eine Cola.	● keine Cola.
Plural	● Säfte.	● keine Säfte.

3 Ja-/Nein-Frage: *ja – nein – doch* `ÜG` 10.03

Frage	Antwort	
Möchtest du ein Würstchen?	Ja.	Nein.
Haben wir den Käse nicht dabei?	Doch.	Nein.
Hast du keinen Hunger mehr?	Doch.	Nein.

Antworten Sie.

Haben Sie eine Gitarre?

☺ _____ ☹ _____

Sprechen Sie nicht Deutsch?

☺ _____ ☹ _____

4 Verb: Konjugation `ÜG` 5.01

	lesen	treffen	nehmen	fahren
ich	lese	treffe	nehme	fahre
du	liest	triffst	nimmst	fährst
er/sie	liest	trifft	nimmt	fährt
wir	lesen	treffen	nehmen	fahren
ihr	lest	trefft	nehmt	fahrt
sie/Sie	lesen	treffen	nehmen	fahren

auch so: fernsehen (sieht fern), essen (isst), sprechen
(spricht) | schlafen (schläft), anfangen (fängt an)

TiPP

Schreiben Sie Kärtchen. Markieren Sie und schreiben Sie Beispielsätze.

lesen
Liest du gern?
Mein Vater liest jeden Morgen.

Hobbys: In meiner Freizeit …

Was sind Ihre/deine Hobbys?	Meine Hobbys sind Kochen und Lesen.
	In meiner Freizeit tanze ich gern.
Was machen Sie/machst du gern?	Ich schwimme gern.
	Ich treffe gern Freunde. Das macht Spaß.
	Ich mache (nicht so) gern Sport.
	Ich finde Krimis gut./toll./ interessant.

Vorlieben: Mein Lieblingsbuch ist …

Meine Lieblingsmusik/Mein Lieblingsbuch/Mein Lieblingsfilm ist …

Schreiben Sie.

Was sind Ihre Hobbys?
Was machen Sie gern?

Meine Hobbys
sind …

Das Wetter: Die Sonne scheint.

Wie ist das Wetter?	Gut./Schön./Schlecht./Nicht so gut/schön.
	Die Sonne scheint./ Es gibt Wolken.
	Es regnet./Es ist windig./ Es ist bewölkt./Es schneit.
	Es ist warm./Es ist heiß./Es ist kalt.
	Heute sind es (maximal/circa) sieben Grad.
	Im Norden/Osten/Süden/Westen ist es windig./sonnig./bewölkt./ (nicht so) warm.
Wie ist das Wetter in Bulgarien?	Im Frühling ist das Wetter nicht so gut.
Welches Wetter mögen Sie/ magst du?	Ich finde Wind/Sonne/Regen/ Schnee super./(nicht so) schön./ angenehm.
	Ich mag Wind (nicht so) gern.

Es gibt viele Wolken.

Oh nein, es regnet!

Die Jahreszeiten: Im Frühling …

Im	Frühling Sommer Herbst Winter	ist das Wetter	(sehr) gut. (sehr) schön. nicht so gut. nicht so schön. schlecht.

Sie möchten noch mehr üben?

 2 | 36–38 AUDIO-TRAINING

 VIDEO-TRAINING

2 ▶ 39

LIED

Wir sind nicht allein

Hören Sie das Lied und singen Sie mit.

> Du möchtest keinen Kaffee? – Nein.
> Du möchtest keine Milch? Oh Mann!
> Ich möchte auch keinen Tomatensaft.
> Ja, was möchtest du denn dann?
>
> Ich möchte singen. Du bist nicht allein.
> Wir alle singen gern im Verein.
>
> Wir machen keine Pizza. Nein.
> Wir kochen auch kein Ei. Oh Mann!
> Wir backen keinen Kuchen.
> Ja, was machen wir denn dann?
>
> Wir singen ein Lied. Wir sind nicht allein.
> Wir alle singen gern im Verein.

FILM

Almas Hobby: Wolkenfotos

Sehen Sie den Film an. Ordnen Sie zu.

Farben   Süddeutschland   Wolken   ~~34~~   Wochenende

Alma ist __34__ Jahre alt und wohnt in
_____. Sie fotografiert gern
den Himmel und die _____.
Langweilig findet sie das nicht. Im Gegenteil: Wolken
sind einfach toll. Und auch der Himmel ist schön:
Alma liebt die _____: Rot, Gelb,
Orange, Rosa, Blau und Grün. Sie fotografiert viel am
_____. Da hat Alma Zeit für
ihr Hobby.

LESEN

1 Lesen Sie das Interview und markieren Sie: <mark>Alter</mark>, Beruf, Hobby.

Alma sammelt Wolkenfotos

Hallo, wie heißt du und wie alt bist du?
Ich heiße Alma und bin 34 Jahre alt.
Was ist dein Beruf?
5 Ich bin medizinisch-technische Assistentin.
Und in der Freizeit, Alma? Hast du ein Hobby?
Ja, ich habe ein Hobby. Ich mache
10 gern Wolkenfotos.
Wolkenfotos? Warum denn?
Warum nicht? Gefallen dir Wolken nicht?
Doch, natürlich.
Ich finde Wolken schön und ich fotografiere
15 gern. Das macht Spaß und kostet nicht viel.
Ich brauche nur mein Smartphone.
Ich verstehe. Und das hast du ja immer dabei.
Genau.

20 **Hast du schon viele Wolkenfotos?**
Schon sehr viele. Guck mal!
Das hier ist mein Lieblingsfoto.
Hey, das ist total schön! Das Foto gefällt mir sehr.
25 Oh, danke!
Machst du heute auch noch ein Wolkenfoto?
Hm, ich glaube nicht. Das Wetter ist ja nicht so toll.
30 **Was? Es ist doch schön warm und die Sonne scheint.**
Das stimmt schon, aber siehst du eine Wolke?
Oh, wie dumm! Na klar, es ist nicht
35 **bewölkt. Also: kein Wolkenfoto.**
Kein Problem. Die nächste Wolke kommt ganz sicher.

2 Richtig oder falsch? Kreuzen Sie an.

		richtig	falsch
a	Alma fotografiert gern Wolken.	☒	○
b	Aber das ist teuer.	○	○
c	Alma hat nicht viele Wolkenfotos.	○	○
d	Das Wetter ist heute schön.	○	○
e	Alma macht ein Wolkenfoto.	○	○

3 Sprechen Sie im Kurs.
a Wie finden Sie Almas Hobby? Möchten Sie auch gern Wolkenfotos machen?

> Ich mag das Hobby. Ich fotografiere auch gern.

> Ich finde das Hobby langweilig.

b Haben Sie auch ein besonderes Hobby?

> Ich spiele gern. Mein Lieblingsspiel ist Schach.

Kinder und Schule

Folge 7: Prima Team

1 Sehen Sie die Fotos an.

a Was meinen Sie? Wer ist ein „prima Team"?

b Was meinen Sie: Wer sagt was? Kreuzen Sie an.

	Lili	Lara	Sofia
Foto 1: Kannst du Lili wecken?			
Foto 2: Das Frühstück ist fertig! Was ist los?		×	
Foto 3: Ich habe Bauchschmerzen!			
Foto 4: Ihr schreibt also einen Mathetest.			
Foto 5: Sie ist um Viertel nach zehn pünktlich da.			
Foto 6: Sie will auf jeden Fall noch zum Deutschkurs gehen.			
Foto 7: Ich glaube, ich habe alles richtig gemacht.			
Foto 8: Hmm! Super hast du gekocht!			

 **2** **Hören Sie und vergleichen Sie.**

2 ▸ 40–47 **3** **Lesen Sie die Sätze. Hören Sie dann noch einmal und ordnen Sie die Sätze.**

◯ Am Nachmittag kommt Lili nach Hause und sagt: „Alles richtig!"

◯ Lili geht in die Schule und schreibt den Test.

◯ Die Lösung: Lara macht einen Tee und lernt mit Lili Mathe.
   Sie ruft Lilis Lehrer an und sagt: „Lili kommt pünktlich zum Test."

◯ Am Abend essen Sofia, Lara und Lili zusammen und Sofia sagt:
   „Wir sind ein prima Team!"

① Lili hat Bauchschmerzen und kann nicht in die Schule gehen.
   Sie schreibt heute aber einen Mathetest.

◯ Lili ruft in der Sprachenschule an und sagt: Lara kommt erst um halb elf.

Laras Film

2 ▶ 48–50 **A1 Hören Sie und ordnen Sie zu.**

~~kann~~   kann   Kannst   kann

A

_____ du Lili wecken?

B

Ich _____ nicht auf-stehen. Ich glaube, ich _kann_ nicht in die Schule gehen.

C

Sie _____ nicht um halb neun kommen. Sie kommt erst um halb elf.

2 ▶ 51 **A2 Hören Sie und variieren Sie.**

◆ Ich bin krank. Ich kann nicht einkaufen . Hannes, kannst du im Supermarkt einkaufen ?

○ Ja, kein Problem.

Varianten:

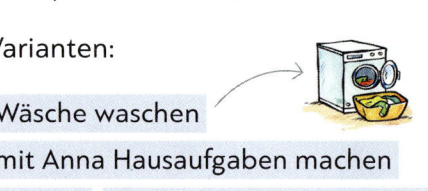

Wäsche waschen

mit Anna Hausaufgaben machen

kochen   mit Jonas zum Arzt gehen

ich	**kann**
du	**kannst**
er/es/sie	**kann**
wir	können
ihr	könnt
sie/Sie	können

Ich **kann** nicht **einkaufen**.

Kannst du im Supermarkt **einkaufen**?

A3 Wer kann ...?

Suchen Sie andere im Kurs. Fragen und antworten Sie. Wer ist als Erste/r fertig?

◆ Yassin, kannst du gut Fahrrad fahren?
○ Ja, ich kann gut Fahrrad fahren. Und du?
◆ Nein, nicht so gut.

Ich kann	sehr gut gut ein bisschen nicht so gut gar nicht	schwimmen.

1 Wer kann gut Fahrrad fahren?   _Yassin_

2 Wer kann sehr gut schwimmen?

3 Wer kann nicht so gut tanzen?

4 Wer kann gar nicht singen?

5 Wer kann ein bisschen kochen?

6 Wer kann gut malen?

7 Wer kann sehr gut Kuchen backen?

8 Wer kann ein bisschen Gitarre spielen?

B1 Ordnen Sie zu.

~~will~~   aufstehen   Willst   schreiben   will   ~~kommen~~

Ich will nicht zu spät kommen.

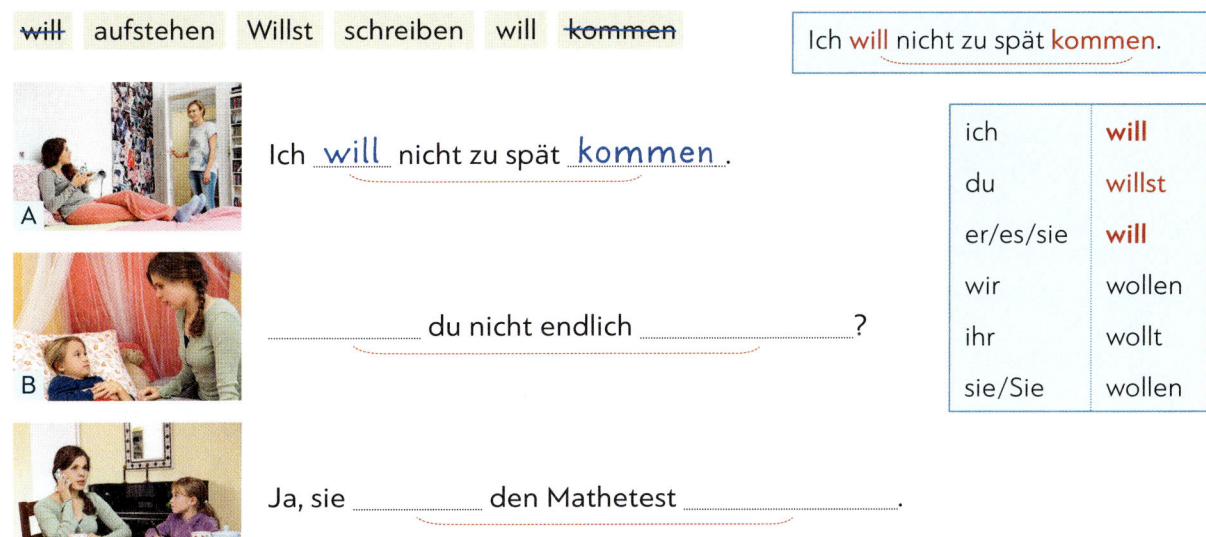

A

Ich _will_ nicht zu spät _kommen_ .

B

_____ du nicht endlich _____ ?

C

Ja, sie _____ den Mathetest _____ .

ich	**will**
du	willst
er/es/sie	**will**
wir	wollen
ihr	wollt
sie/Sie	wollen

B2 Das will ich lernen!

2 ▶ 52–55   **a**   Wer will was lernen? Hören Sie, notieren Sie und sprechen Sie.

Ina und Miguel wollen Vietnamesisch lernen.

Ina und Miguel
Vietnamesisch

B
Anna

C
Hassan

D
Kostas und Hella

b   Was wollen Sie lernen? Sprechen Sie.

Ich will Jonglieren lernen!

B3 Was wollen Sie im Deutschkurs gern machen?
Notieren Sie und sprechen Sie dann mit Ihrer Partnerin / Ihrem Partner.

viel sprechen   Grammatik üben   Filme sehen   Texte lesen   Übungen machen
Lieder hören/singen   Spiele machen   einen Brief / ein Diktat / einen Text schreiben   …

   – viel sprechen
   – Lieder singen
   – Spiele machen

◆ Was willst du im Deutschkurs gern machen?
○ Ich will viel sprechen, Lieder singen und Spiele machen. Und du? Was willst du machen?

C Du **hast** nicht **gelernt**.

C1 Du hast nicht gelernt.

a Ordnen Sie zu.

 1    2    3    4

○ Lili lernt Mathe.
○ Lili hat Mathe gelernt.

○ Lara macht Tee.
○ Lara hat Tee gemacht.

> Lara hat Tee gemacht.

b Markieren Sie wie im Beispiel.

A   B   C   D

Du <mark>hast</mark> nicht <mark>gelernt</mark>.   Lara hat Tee gemacht.   Ich habe Lauch gekauft.   Habt ihr den Mathetest geschrieben?

c Ergänzen Sie.

ich		Lauch	
du		nicht	gelernt
Lara/er/es/sie		Tee	
wir	haben	Tee	gemacht
ihr	habt	Lauch	gekauft
sie/Sie	haben	nicht	gelernt

	ihr	den Mathetest		?

C2 Finden Sie Paare. Ordnen Sie zu und schreiben Sie.

~~kaufen~~   spielen   lernen   ~~schreiben~~   trinken   machen
sprechen   hören   arbeiten   essen   sehen   lesen

gelernt   gemacht   geschrieben   gehört   gespielt   gesehen
gelesen   ~~gekauft~~   gesprochen   gearbeitet   gegessen   getrunken

-(e)t
kaufen – gekauft

-en
schreiben – ...

C3 Was hat Lili gestern gemacht?

a Sehen Sie die Bilder an und ordnen Sie zu.

○ Lara getroffen **1** Bauchschmerzen gehabt ○ mit Laras Lehrerin gesprochen

○ geschlafen ○ gespielt ○ den Mathetest geschrieben ○ Tee getrunken

○ mit Lara und Sofia gegessen

b Was hat Lili wann gemacht? Schreiben Sie acht Sätze.
Vergleichen Sie mit Ihrer Partnerin / Ihrem Partner.

1 Lili ... am Morgen ... .
2 Sie ... Tee ... .
3 Am Vormittag ... sie ... .
4 Und sie ... den Mathetest ... .
5 Sie ... am Nachmittag ... .
6 Und sie ... .
7 Sie ... am Abend ... .
8 In der Nacht ... sie ... .

> Lili hat am Morgen Bauchschmerzen gehabt.
> Sie hat Tee ...

2 ▶ 56 ## C4 Hören Sie und variieren Sie.

◆ Hast du gestern Abend Hausaufgaben gemacht ?
○ Ja, genau. Ich habe Hausaufgaben gemacht . Und du?
◆ Ich habe Freunde getroffen .

Varianten:

eine E-Mail geschrieben – Musik gehört

gearbeitet – geschlafen   gelernt – Tee getrunken

mit meiner Familie gesprochen – Sport gemacht

Hast du Hausaufgaben gemacht?

C5 Was haben Sie gestern gemacht? Wie viele Wörter finden Sie? Sprechen Sie zu dritt.

◆ Ayas, was hast du gestern Abend gemacht?
○ Ich habe Fußball gespielt. Und du?
▲ Ich habe Spaghetti gegessen.

gestern	Morgen
	Vormittag
	Nachmittag
	Abend

D Bist du pünktlich gekommen?

2 ▶ 57 **D1 Hören Sie und ergänzen Sie.**

A

◆ Und dein Termin heute Morgen, Sofia?
   __Bist__ du pünktlich __gekommen__ ?
○ Superpünktlich!

B

○ Lara, was hast du heute Nachmittag
   gemacht?
◆ Ich _____ im Park
   _____ .

> Ich **bin** spazieren **gegangen**.
>
> Ich **bin** Fahrrad **gefahren**.
>
> **Bist** du pünktlich **gekommen**?

2 ▶ 58 **D2 Hören Sie und variieren Sie.**

◆ Wir haben am Freitag frei. Wollen wir Fahrrad fahren ?
○ Fahrrad fahren ? Nein, nicht so gern ... Ich bin gestern
   auch schon Fahrrad gefahren .
◆ Schade!

Varianten:

im Park spazieren gehen   zu Lisa fahren

Skateboard fahren   schwimmen gehen

D3 Bist/Hast du schon einmal ...?
Schreiben Sie sechs Fragen. Sprechen Sie dann mit Ihrer Partnerin / Ihrem Partner.

50 Kilometer Fahrrad fahren   am Wochenende arbeiten   nach Berlin fahren

16 Stunden schlafen   Bier trinken   5 Stunden tanzen   Schach spielen

Skateboard fahren   Kuchen backen   8 Stunden spazieren gehen

> a Bist du schon einmal 50 Kilometer
>   Fahrrad gefahren?
> b Hast du schon einmal ...?

E1 Welche Wörter kennen Sie? Lesen Sie und markieren Sie.

Liebe Eltern der Klasse 4a,

am Freitag, den 26.06., ist kein Unterricht!
Ich möchte mit den Mädchen und Jungen der
Klasse 4a einen Ausflug ins Schwimmbad nach
Verden machen. Der Eintritt kostet 3,50 Euro.

Wir fahren um 8 Uhr los und
kommen um ca. 14 Uhr wieder
zurück.
Mit freundlichen Grüßen
Marianne Ohler

EINTRITT

www.martini-grundschule.de

E2 Was ist richtig? Umkreisen Sie.

a Die Lehrerin will   am Samstag   am Freitag   mit den Kindern ins Schwimmbad fahren.
b Der Eintritt kostet   3,50 Euro.   26,06 Euro.
c Der Ausflug fängt um   14 Uhr   8 Uhr   an.

2 ▶ 59 **E3 Was ist richtig? Hören Sie und kreuzen Sie an.**

a ○ Jonas geht in die Klasse von Frau Ohler.
b ○ Jonas kann heute zum Ausflug mitkommen.
c ○ Jonas ist krank.

E4 Sprechen Sie auf den Anrufbeantworter der Schule.
Wählen Sie eine Situation und sprechen Sie.

Ihr Kind ist krank.	Sie sind krank.
Es kann nicht in die Schule gehen. Sie rufen in der Schule an.	Sie können nicht zum Deutschunterricht kommen. Sie rufen in der Schule an.

Guten Morgen, hier ist … Mein Sohn / Meine Tochter geht in die Klasse … Er/Sie kann heute nicht zur Schule kommen. Er/Sie ist krank. Auf Wiederhören.	Guten Morgen, hier ist … Tut mir leid. Ich kann heute nicht zum Unterricht kommen. Ich bin krank. Ich gehe zum Arzt. Auf Wiederhören.

Grammatik

1 Modalverben: *können* und *wollen* `ÜG` 5.09, 5.10

	können	wollen
ich	**kann**	**will**
du	kannst	willst
er/es/sie	**kann**	**will**
wir	können	wollen
ihr	könnt	wollt
sie/Sie	können	wollen

2 Modalverb im Satz `ÜG` 10.02

	Position 2		Ende
Ich	kann	nicht	einkaufen.
Ich	will	nicht zu spät	kommen.
Kannst	du	im Supermarkt	einkaufen?

Was können Sie (nicht)? Schreiben Sie.

Ich ... gut ...
... ein bisschen ...
... nicht ...

3 Perfekt mit *haben* `ÜG` 5.03

		haben + ge ... t
lernen	er lernt	er hat gelernt
machen	er macht	er hat gemacht

		haben + ge ... en
treffen	er trifft	er hat getroffen
trinken	er trinkt	er hat getrunken
sprechen	er spricht	er hat gesprochen
schreiben	er schreibt	er hat geschrieben

Merke:

Oft bei *ge ... en*:

schreiben – geschrieben
sprechen – gesprochen
trinken – getrunken

4 Perfekt mit *sein* `ÜG` 5.04

		sein + ge ... en (• → •)
gehen	ich gehe	ich bin gegangen
kommen	er kommt	er ist gekommen

Ich bin gefahren.

Ich bin gegangen.

5 Perfekt im Satz `ÜG` 10.02

	Position 2		Ende
Lara	hat	Tee	gemacht.
Hast	du	Hausaufgaben	gemacht?
Ich	bin	spazieren	gegangen.
Bist	du	pünktlich	gekommen?

Starker Wunsch: Was willst du lernen?	
Was willst du / wollen Sie lernen?	Ich will Jonglieren lernen.
Was willst du / wollen Sie (im Deutschkurs) gern machen?	Ich will viel sprechen, Lieder singen und Spiele machen.

Vorschlag: Wollen wir Fahrrad fahren?
Wollen wir Fahrrad fahren?

Fähigkeit: Ich kann sehr gut schwimmen.	
Kannst du / Können Sie (sehr gut/gut) schwimmen?	Ja, ich kann (sehr) gut / ein bisschen schwimmen.
	Nein, ich kann nicht (so) gut / gar nicht schwimmen.
	Nein, nicht so gut.

Über gestern sprechen: Gestern Morgen ...
gestern Morgen / Vormittag / Nachmittag / Abend

Jemanden entschuldigen: Mein Sohn ist krank.
Guten Morgen, hier ist ...
Mein Sohn / Meine Tochter geht in die Klasse ...
Er/Sie kann heute nicht zur Schule kommen.
Er/Sie ist krank.

Sich entschuldigen: Ich bin krank.
Guten Morgen, hier ist ...
Tut mir leid. Ich kann heute nicht zum Unterricht kommen.
Ich bin krank.
Ich gehe zum Arzt.

Schreiben Sie fünf Wünsche.

Ich will gut Deutsch lernen. ...

Kannst du gut schwimmen?

Nein.

Sie möchten noch mehr üben?

2 | 60–62
AUDIO-TRAINING

VIDEO-TRAINING

Ui!

1 **Sehen Sie die Filmszenen an. Welche Ausrufe kennen Sie schon?**

2 **Arbeiten Sie mit Ihrer Partnerin / Ihrem Partner.**
Suchen Sie drei Ausrufe aus und spielen Sie selbst kleine Szenen.

3 **Spielen Sie die Szenen im Kurs vor.**

SPIEL

Das „können"-und-„wollen"- Pantomime-Spiel

2 ▶ 63–64 **1** Sehen Sie die Fotos an und hören Sie. Ordnen Sie zu.

Hörtext	1	2
Foto		

2 Schreiben Sie Gespräche wie in 1.

kochen   jonglieren   Auto fahren   fotografieren   schwimmen   singen   malen

> ◇ Ich kann kochen.
> ○ Du kannst sehr gut kochen.
> ◇ Wollt ihr auch kochen?
> ○ Ja, wir wollen auch kochen.

3 Spielen Sie die Gespräche im Kurs.

A

Ich kann kochen.

Du kannst sehr gut kochen.

B

Wollt ihr auch kochen?

Ja, wir wollen auch kochen.

SCHREIBEN

Was haben Sie heute im Kurs gemacht? Schreiben Sie zu zweit einen Chat.

> Was habt ihr heute im Deutschkurs gemacht?
> *Wir haben Gitarre gespielt.*
> Ach? Interessant! Und was habt ihr noch gemacht?
> *Ganz viel! Wir haben getanzt, wir haben ...*

Arbeitsbuch

A Guten Tag.

A2 **1** **Was hören Sie? Kreuzen Sie an.**

1 ▶ 1

○ Morgen.   ☒ Guten Morgen.   ○ Hallo.   ○ Tag.   ○ Guten Tag.
○ Auf Wiedersehen.   ○ Tschüs.   ○ Guten Abend.   ○ Nacht.   ○ Gute Nacht.

A2 **2** **Satzmelodie: Hören Sie und sprechen Sie nach.**

1 ▶ 2

Phonetik

a Tag.   Guten Tag.
b Morgen.   Guten Morgen.
c Abend.   Guten Abend.
d Nacht.   Gute Nacht.
e Wiedersehen.   Auf Wiedersehen.
f Frau Schröder   Guten Morgen, Frau Schröder.

A2 **3** **Ordnen Sie zu.**

~~Guten Tag.~~   ~~Gute Nacht.~~   Auf Wiedersehen.   Guten Morgen.   Guten Abend.   Tschüs.   Hallo.

A   Guten Tag.   B   Gute Nacht.

A2 **4** **Ergänzen Sie.**

A   `20:00`   ◆ Gute Nacht , Papa.
            ○ _____ , Rasha.

B   `09:00`   ◆ _____ ,
            Natalja.
            ○ _____ ,
            Anton.

C   `16:00`   ◆ _____ ,
            Herr Celik.
            ○ _____ ,
            Herr Johnson.

D   `14:30`   ◆ _____ , Klara!
            ○ _____ , Ana!

B2 **5** **Hören Sie und schreiben Sie.**

1 ▶ 3

◆ Entschuldigung, _wie_ heißen Sie?
○ Ich _____ Anna Lienert.
◆ Guten _____, Frau Lienert.
○ Und wie _____ Sie?
◆ Mein _____ ist Karl Huber.

B2 **6** **Satzmelodie: Hören Sie und sprechen Sie nach.**

1 ▶ 4

Phonetik

◆ Entschuldigung. Wie heißen Sie?
○ Ich heiße Eva Baumann. Und wie heißen Sie?
◆ Ich heiße Angelika Moser.

B2 **7** **Ordnen Sie zu.**

~~Ich bin Sandra Stein.~~   Das ist Frau Papadopoulos.   Entschuldigung, wie heißen Sie?

Und wie heißen Sie?   Guten Tag, Herr Weinert, freut mich.   Mein Name ist Ulrike Springer.

◆ Hallo! _Ich bin Sandra Stein._
○ _____
_____

◆ Ich heiße Akello Keki.
○ _____
◆ Akello Keki.
○ Ah, ja. Guten Tag, Herr Keki.

◆ _____
○ Guten Tag, Frau Papadopoulos. Ich bin Till Weinert.
▲ _____
○ Herzlich Willkommen.

B3 **8** Ergänzen Sie die Satzzeichen: ? oder .

a ◆ Ich bin Andreas Zilinski ⊙(.)
  ○ Entschuldigung, wie heißen Sie ⊙(?)
  ◆ Andreas Zilinski, und das ist Frau Kunz ◯

b ◆ Wer ist das ◯
  ○ Das ist Felix ◯

c ◆ Ich heiße Laura Weber ◯ Und wie heißen Sie ◯
  ○ Ich heiße Michaela Schubert ◯

d ◆ Das ist Herr Hoffmann ◯
  ○ Und wer ist das ◯
  ◆ Frau Kobler ◯

B3 **9** Verbinden Sie und schreiben Sie.

a Wie heißen   1 ist das?
b Mein Name   2 Finn.
c Und wie   3 Sie?   Wie heißen Sie?
d Ich   4 ist Lena Winter.
e Wer   5 heißen Sie?
f Das ist   6 heiße Sina.

B3 **10** Schreiben Sie Sätze und ergänzen Sie die Satzzeichen: ? oder .

a heißen – wie – Sie – Und   Und wie heißen Sie ⊙(?)
b ist – Mein – Name – Annika Bauer   ◯
c weiß – Ich – nicht – es   ◯
d ist – Und – das – wer   ◯
e Frau Kaufmann – Das – ist   ◯

B3 **11** Ergänzen Sie.

a
◆ Hallo, ich __bin__ Tobi.
○ Hallo, Tobi. _____ heiße Len.
  Und wer _____ das?
◆ Ich _____ es nicht.

b
◆ Guten Tag, mein _____ ist Mohammad Haaleh.
○ Entschuldigung, wie _____ Sie?
◆ Mohammad Haaleh.

C Ich komme aus Polen.

C2 **12** **Ordnen Sie zu.**

Wer bist du?   Und woher kommen Sie   ~~Wer sind Sie?~~   Woher kommst du?

a

◆ Guten Tag. Ich heiße Ewa Kowalski. Wer sind Sie?

○ Ich bin Monique Laval.

◆ Freut mich. _____, Frau Laval?

○ Aus der Schweiz.

b

◆ Hallo. Ich bin Abdal. Und du? _____

○ Ich heiße Hugo und komme aus Portugal.

_____

◆ Aus dem Sudan.

C3 **13** **Was sagen die Personen: *du* oder *Sie*? Kreuzen Sie an.**

A

☒ du   ○ Sie

D

○ du   ○ Sie

B

○ du   ○ Sie

E

○ du   ○ Sie

C

○ du   ○ Sie

F
○ du   ○ Sie

C3 **14** **Land und Sprache**

1 ▶ 5 **a** Was hören Sie? Kreuzen Sie an.

	Karim	Heidi	Jan
Deutschland		X	
Polen			
Iran			
Köln			
Berlin			
Teheran			
Frankfurt			

Karim

1 ▶ 5 **b** Hören Sie noch einmal und kreuzen Sie an.

	Karim	Heidi	Jan
Deutsch		X	
Russisch			
Persisch			
Englisch			
Arabisch			
Polnisch			

Heidi

Jan

C3 **15** **Ordnen Sie die Gespräche.**

a

○ ◆ Nein, nur ein bisschen.
① ◆ Hallo, ich heiße Asma. Und wie heißt du?
○ ◆ Ich komme aus Syrien.
④ ◇ Du sprichst gut Deutsch.
○ ◇ Ich bin Rajani. Ich komme aus Indien. Und woher kommst du?

b

○ ◆ Aus Iran. Und was sprechen Sie, Herr Becker?
① ◆ Guten Abend, ich bin Elmira Afarid. Und wie heißen Sie?
④ ◇ Ich spreche Deutsch, Englisch und Französisch. Und Sie?
○ ◇ Mein Name ist Willi Becker. Ich komme aus der Schweiz. Woher kommen Sie?
○ ◆ Persisch, Deutsch und ein bisschen Englisch.

C3 **16** **Ergänzen Sie.**

ich	komm **e**	spreche	heiß_____	bin
du	komm_____	_____ i	_____ t	
Sie	komm_____			

C3 17 Was ist richtig? Umkreisen Sie.

a Ich heißen heißt (heiße) Maria.

b Ich kommst komme kommen aus Kroatien.

c Was spreche sprichst sprechen Sie?

d Wie heiße heißt heißen du?

e Und wer ist bist sind Sie?

f Ich spreche sprechen sprichst Englisch.

g Woher kommst komme kommen Sie?

h Ich ist bin bist Angelika.

i Was spreche sprichst sprechen du?

C3 18 Ergänzen Sie in der richtigen Form: *sprechen – kommen – heißen*.

a

◆ Hallo. Ich __heiße__ Ali.

Wie _____ du?

○ Ich _____ Rafiki.

◆ Und woher _____ du?
Aus Kamerun?

○ Nein, ich _____ aus Nigeria.

Ich _____ Englisch und

ein bisschen Deutsch.

Was _____ du?

◆ Ich _____ Englisch und

Französisch.

b

◆ Guten Morgen. Ich _____

Nassima Mansour.

Wie _____ Sie?

○ Ich _____ Anong Chuan.

◆ Woher _____ Sie, Frau Chuan?

○ Ich _____ aus Thailand.

Und woher _____ Sie?

◆ Ich _____ aus Syrien.

Ich _____ Arabisch, Englisch

und Deutsch. Und was _____ Sie?

○ Ich _____ Thai, Englisch und

ein bisschen Deutsch.

D Buchstaben

D1 **19** **Welche Namen hören Sie? Ergänzen Sie.**

1 ▸ 6–11

a E w a _____

b _____   _____

c _____

d _____

e _____

f _____

A–B–C ...

D2 **20** *au, ei, eu*

1 ▸ 12

Phonetik

a Wie spricht man das? Hören Sie und sprechen Sie nach.

au	Frau Maurer	aus Augsburg	Das ist Frau Maurer aus Augsburg.
ei	heiße	Schneider	Ich heiße Schneider.
eu	Deutsch	Deutschland	Ich komme aus Deutschland und spreche Deutsch.

b Ergänzen Sie *au, ei* oder *eu*.

◆ Hallo. M ei n Name ist Winkler.

○ Fr_____t mich. Ich h_____ße Besim Kara.
Ich komme _____s der Türk_____.
Woher kommen Sie? _____s der
Schw_____z?

◆ N_____n, _____s Österr_____ch.
Sie sprechen gut D_____tsch, Herr Kara.

○ Nur _____n bisschen.

1 ▸ 13

c Hören Sie und vergleichen Sie. Sprechen Sie das Gespräch
dann mit Ihrer Partnerin / Ihrem Partner.

D2 **21** **Korrigieren Sie.**

richtig
schreiben

a Was schreibt man groß? Markieren Sie.

1

◆ mein name ist anita. und wie heißt du?

○ ich heiße andreas.

◆ woher kommst du?

○ aus österreich.

◆ was sprichst du?

○ ich spreche deutsch.

2

◆ guten tag. wie ist ihr name, bitte?

○ mein name ist lukas bürgerlin.

◆ woher kommen sie?

○ ich komme aus der schweiz.

◆ und was sprechen sie?

○ ich spreche deutsch und englisch.

b Schreiben Sie richtig.

◇ Mein ...

D3 **22** Ergänzen Sie das Telefongespräch.

◆ F _i r m a_ Ökotrans, Frederike Groß, guten M_____ g_____.

○ Guten Morgen. M_____ Name ist Nguyen. Ist H_____ Stolpe da?

◆ Guten Morgen Herr ..._____ t_____ h_____g, wie _____ß_____ Sie?

○ Nguyen.

◆ Wie bitte? B_____ie_____ Sie, bitte.

○ Ich _____ c_____ b_____ e: N – G – U – Y – E – N.

◆ Vielen Dank, Herr Nguyen. Einen M_____n____, bitte. ... Herr Nguyen? T_____ mir l_____. Herr Stolpe ist n_____ da.

○ Ja, gut. Danke. Auf W_____ d_____ h_____.

◆ A_____ Wiederhören, Herr Nguyen.

D3 **23** Markieren Sie die Wörter. Schreiben Sie Sätze.

a (meinnameistbaumann)   Mein _____

b istherrgülda   _____

c einenmomentbitte   _____

d tutmirleid   _____

e herrgülistnichtda   _____

f aufwiederhören   _____

D3 **24** Ein Telefongespräch

a Markieren Sie noch fünf Sätze und schreiben Sie.

G U N I C (G U T E N T A G) A N D (M E I N N A M E I S T B A U M A N N) O K D B F O A S B E
C L A M S D E N T S C H U L D I G U N G W I E I S T I H R N A M E E R F I L E S O P H F Q F
I S T H E R R S C H N E I D E R D A B O A S E M I C H B U C H S T A B I E R E : B A U M A N N
W A B O T E R A N T U T M I R L E I D H E R R S C H N E I D E R I S T N I C H T D A G I C Z R
V E W J O V B W L Q B F K L U M H A N D A N K E A U F W I E D E R H Ö R E N A M S E N I

Guten Tag.
Mein Name ist Baumann.

_____
_____
_____
_____

b Ordnen Sie die Sätze. Schreiben Sie ein Gespräch.

◊ Guten Tag. ...

D

D3 **25** **Das bin ich.**

a Lesen Sie den Text.

> Ich heiße Samira Alaoui. Ich komme aus Casablanca. Das ist in Marokko. Jetzt bin ich in Freiburg. Ich spreche Arabisch, Französisch und Deutsch.

b Schreiben Sie Ihren Text.

D3 **26** **Ordnen Sie zu.**

| Wie bitte | Einen Moment, bitte | ~~Entschuldigung~~ | tut mir leid | Vielen Dank | ich weiß es nicht |

a
◆ Mein Name ist Hubert Hubschmer.
○ _Entschuldigung_ , wie ist Ihr Name?
◆ Hubert Hubschmer.

b
◆ Wie ist Ihr Name, bitte?
○ Wladimir Mkrtytschan.
◆ _____? Buchstabieren Sie, bitte.
○ M-K-R-T-Y-T-S-C-H-A-N.
◆ _____.

c
◆ Wer ist das?
○ Tut mir leid, _____.

d
◆ Guten Tag, Frau Schneider. Ist Maria da?
○ _____ ... Maria? MARIA!
  Nein, _____. Maria ist nicht da.

E3 27 Ein Brief. Ordnen Sie zu.

~~Familienname/Nachname~~   Stadt   Vorname   Straße   Postleitzahl   Hausnummer

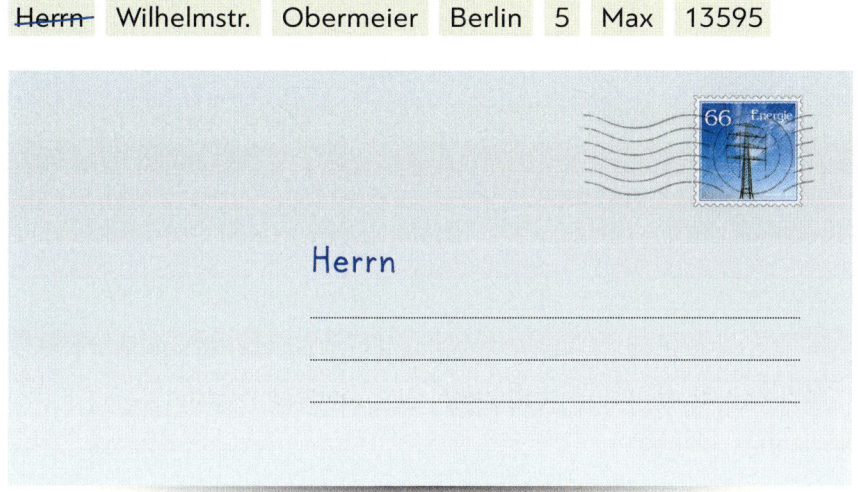

Frau
A Claudia Roth B
C Löhrstraße 3-7 D
E 04105 Leipzig F

A ....

B *Familienname/Nachname*

C ....

D ....

E ....

F ....

E3 28 Schreiben Sie die Adresse auf den Briefumschlag.

~~Herrn~~   Wilhelmstr.   Obermeier   Berlin   5   Max   13595

Herrn

....

....

E3 29 Lesen Sie die Visitenkarte und füllen Sie das Formular aus.

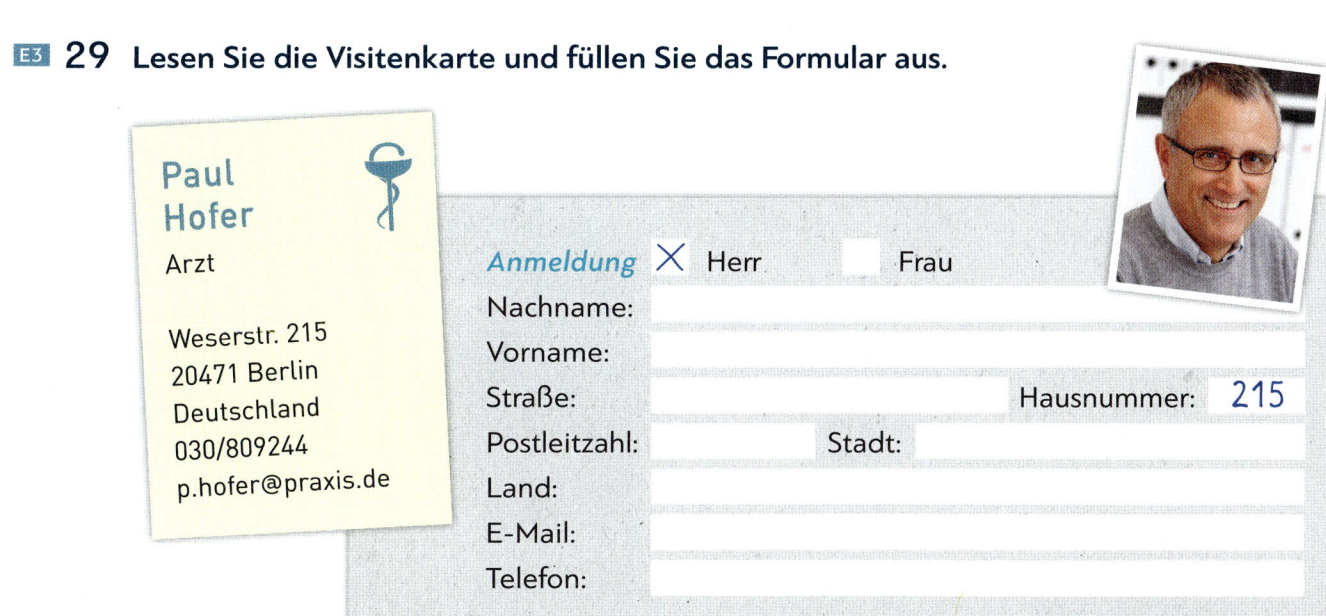

Paul
Hofer

Arzt

Weserstr. 215
20471 Berlin
Deutschland
030/809244
p.hofer@praxis.de

Anmeldung ☒ Herr   ☐ Frau

Nachname:
Vorname:
Straße: Hausnummer: 215
Postleitzahl: Stadt:
Land:
E-Mail:
Telefon:

Test Lektion 1

1 Ergänzen Sie.

a H a l l o
b G_____ g_____
c _____t____ _____d
d A_____ s____ _____
e _____c__ü_____
f _____u_____ _____ch_____

Wörter

_____ / 5 Punkte

● 0 – 2
● 3
● 4 – 5

2 Ergänzen Sie.

a ◆ __Wie__ heißen Sie? ○ Alina Egger.
b ◆ _____ kommen Sie? ○ Aus der Schweiz.
c ◆ Und _____ sprechen Sie? ○ Deutsch und Italienisch.
d ◆ _____ ist das? ○ Das ist Dario Egger.

Grammatik

_____ / 3 Punkte

3 Ergänzen Sie.

◆ Hallo. Ich b__in__ (a) Mercy. Wie h_____ (b) du?
○ Ich h_____ (c) Ebo und
k_____ (d) aus Ghana.
◆ Du s_____ (e) gut Deutsch.
○ Nein, nur ein bisschen. Ich s_____ (f) Französisch.

_____ / 5 Punkte

● 0 – 4
● 5 – 6
● 7 – 8

4 Ordnen Sie zu.

Einen Moment   Tut mir leid   Ich buchstabiere

~~Ja, gut~~   Entschuldigung   danke

◆ Firma Computec, Moritz Spengler, guten Tag.
○ Guten Tag. Mein Name ist Paulinho. Ist Frau Egger da?
◆ Guten Tag Herr … _____ (a),
wie ist Ihr Name?
○ Paulinho. _____ (b):
P – A – U – L – I – N – H – O.
◆ Ah, ja, _____ (c), Herr Paulinho.
_____ (d), bitte … Herr Paulinho?
_____ (e), Frau Egger ist nicht da.
○ __Ja, gut__ (f). Danke. Auf Wiederhören.

Kommunikation

_____ / 5 Punkte

● 0 – 2
● 3
● 4 – 5

A Wie geht's? – Danke, gut.

A1 **1** **Ergänzen Sie.**

A

Super!

B

_____

C

_____

D

_____

E

_____

A2 **2** **Satzmelodie und Satzakzent**

1 ▶ 14

Phonetik

a Hören Sie und achten Sie auf die Betonung: _____ und die Satzmelodie ↗ ↘.

1

◆ Wie <u>geht</u> es <u>Ih</u>nen? ↘

○ <u>Sehr</u> gut. ↘ Und <u>Ih</u>nen? ↗

◆ <u>Auch</u> gut. ↘ <u>Dan</u>ke. ↘

2

◆ Wie <u>geht</u> es <u>dir</u>? ↘

○ <u>Gut</u>. ↘ <u>Dan</u>ke. ↘ Und <u>dir</u>? ↗

◆ <u>Su</u>per! ↘

1 ▶ 15 **b** Hören Sie noch einmal und sprechen Sie nach.

A2 **3** **Ordnen Sie zu.**

| Wie geht es dir? | Wie geht es Ihnen? | Und dir? | Und Ihnen? | ~~Sehr gut.~~ | Auch gut, danke. |

a

◆ Guten Morgen, Frau Jablonski.

_____

○ Danke, gut.

_____

◆ _____

b

◆ Hallo, Nahida.

○ Hallo, Tanja.

_____

◆ Super! _____

○ Sehr gut.

B Das ist **mein Bruder**.

B3 **4 Ergänzen Sie.**

Das ist meine Familie:

A

Das sind meine Geschwister : mein
_____ Jonas und meine
_____ Sandra.

C

Das sind meine _____ :
meine _____ und mein
_____ .

B

Das sind meine _____ :
mein _____ Patrick, meine
_____ Sandra und mein
_____ Jonas.

D

Das sind meine _____ :
meine _____ und mein
_____ .

B4 **5 Markieren Sie in 4: *mein* – *meine* – *meine*. Ergänzen Sie dann.**

 mein _____

 meine _____

 meine Geschwister, _____

B4 **6** Ergänzen Sie: *mein – meine.*

   a Das ist <u>meine</u> Mutter und das ist _____ Vater.

   b Das sind _____ Geschwister.

   c Das sind _____ Enkelkinder: _____ Enkel Jonas

     und _____ Enkelin Marie.

   d Das ist _____ Oma und das ist _____ Opa.

   e Das sind _____ Kinder:

     _____ Tochter und _____ Sohn.

B4 **7** Ordnen Sie zu.

bin   ~~ist~~   ist   ~~sind~~   sind   sind   mein   mein   mein   ~~meine~~   meine

meine   meine   meine

   a Das <u>ist meine</u> Tochter und das _____ _____ Sohn.

   b Das <u>sind</u> _____ Bruder und _____ Schwester.

   c Das _____ _____ Kinder: _____ Sohn Lukas

     und _____ Tochter Stefanie.

   d Das _____ ich und das _____ _____ Eltern.

B4 **8** Was ist richtig? Umkreisen Sie.

  ◆ Das sind   mein   (meine)   Kinder.

  ○ Aha. Und das ist   deine   dein   Mann?

  ◆ Nein. Das ist   mein   meine   Bruder.

  ○ Das sind   dein   deine   Eltern?

  ◆ Ja, stimmt. Das sind   mein   meine   Vater

    und   mein   meine   Mutter.

  ○ Wer ist das?   Dein   Deine   Tochter?

  ◆ Mein   Meine   Tochter? Nein!

    Das ist   mein   meine   Schwester.

B5 **9** Ergänzen Sie.

   a ◆ Wer ist das, Herr Steiner? I<u>hre</u> Schwester?

     ○ Nein. Das ist m_____ Frau.

   b ◆ Und das ist I_____ Sohn, oder?

     ○ Nein. Das ist m_____ Bruder.

   c ◆ Wer ist das? I_____ Tochter?

     ○ Ja, genau.

   d ◆ Das sind I_____ Großeltern, ja?

     ○ Nein! M_____ Eltern.

B

B5 **10** **Ordnen Sie zu.**

| dir | Ihnen | Sie | Dein | ~~deine~~ | Ihr | Ihre |

A

◆ Wie alt sind _deine_ Geschwister?

○ 16 und 12.

D

◆ Guten Tag, Herr Meindl. Wie geht es _____?

○ Danke, gut.

B

◆ _____ Sohn ist 11 und _____ Tochter ist 10, oder?

○ Ja, genau.

E

◆ Wer ist das? _____ Vater?

○ Nein, mein Opa.

C

◆ Hallo, Mahmood. Wie geht es _____?

○ Super!

F

◆ Wer sind _____?

○ Ich bin Jakob Maier. Freut mich.

B5 **11** **Hören Sie und schreiben Sie.**

1 ▶ 16–17

a

◆ Guten Abend, Frau Altmann. _Wie geht es Ihnen_?

○ Danke, gut. Das ist _____.

◆ _____. Guten Abend, Herr Altmann.

▲ _____ nicht Altmann. _____ Peters. Martin Peters.

◆ Ah! _____.

b

▢ _____ meine Schwester.

❋ Ah, _____! Du bist Iris, oder?

◆ _____. Mein Vorname ist Ines.

❋ Aha. _____, Ines?

◆ _____, danke.

C1 **12** **Markieren Sie und ergänzen Sie.**

a Das sind <mark>Herr und Frau Rossi.</mark>
   <mark>Sie</mark> leben in Frankfurt.
b Herr Rossi kommt aus Italien.
   Er lebt jetzt in Deutschland.
c Frau Rossi kommt aus Deutschland.
   Sie spricht Deutsch und Italienisch.

Herr und Frau Rossi → _sie_
Herr Rossi   → ....
Frau Rossi   → ....

C1 **13** **Ergänzen Sie.**

a Ich heiße Julia. _Ich_ lebe in Deutschland. In Bremen.
b Mein Bruder heißt Florian. .... lebt in Bangkok. Das ist in Thailand.
c Meine Schwester heißt Vanessa. .... lebt in Tunesien.
d Vanessas Mann kommt aus Tunesien. .... spricht Arabisch, Französisch und Deutsch.
e Meine Eltern kommen aus Köln. Jetzt leben .... in Zürich. Das ist in der Schweiz.

C1 **14** **Schreiben Sie den Text neu mit** *er – sie – sie.*

Forum international

Das ist Semra. Semra kommt aus der Türkei.
Und das ist Markus. Markus kommt aus Österreich.
Semra und Markus leben in Deutschland.
Semra und Markus leben jetzt in Berlin.
Semras Eltern leben auch in Deutschland.
Semras Eltern leben in Frankfurt.

Das ist Semra. _Sie kommt aus der Türkei._
Und das ist Markus. ....
Semra und Markus ....

....

Semras Eltern ....

....

C

15 Kennenlernen

a Lesen Sie und markieren Sie.

1

◆ Wie <mark>heißt</mark> du? Woher <mark>kommst</mark> du?
○ Ich heiße Hiba. Ich komme aus dem Libanon. Und du?
◆ Ich bin Elias aus Griechenland. Ich lebe in Deutschland, in Freiburg.

2

◆ Du bist Boris.
○ Nein, er ist Boris.

3

◆ Hallo, wer seid ihr?
○ Mario.
▲ Laura.
◆ Und woher kommt ihr?
○ Aus Italien. Jetzt leben wir in Deutschland. In Essen.

4

◆ Entschuldigung, wie heißen Sie?
○ Peter Vogel.
◆ Und woher kommen Sie?
○ Aus Österreich.

5

◆ Nihau.
○ Wie bitte? Ich spreche nur Deutsch. Was sprichst du?
◆ Ich spreche Chinesisch und Deutsch.
  Wir sprechen jetzt Deutsch, okay?

6

◆ Wie heißt er?
○ Alexandre.
◆ Und was spricht er?
○ Englisch und Französisch.

b Ergänzen Sie die Tabelle.

	kommen	leben	heißen	sprechen	sein
ich					
du	kommst	lebst	heißt		
er/es/sie	kommt	lebt			
wir	kommen		heißen		sind
ihr		lebt	heißt	sprecht	
sie/Sie		leben		sprechen	sind

C4 **16 Verbinden Sie und schreiben Sie.**

a Wer sind	1 bist Naomi, oder?
b Und wer seid	2 sprecht gut Deutsch.
c Ihr	3 Sie?
d Du	4 du Deutsch?
e Sie	5 ihr?
f Sprichst	6 sprechen gut Deutsch.

a Wer sind Sie?

b ....

c ....

d ....

e ....

f ....

C4 **17 Ergänzen Sie.**

a

Hallo, ich h_eiße_ Stefan. Ich k_____ aus der Schweiz.
Jetzt l_____ ich in Deutschland. Und das s_____
meine Freunde Max und Anja. Sie s_____ aus Deutschland.
Wir drei w_____ in Dresden. Und wir l_____
zusammen Französisch. Und wer b_____ du? Woher
k_____ du?

b

◆ Wie h_____ ihr? Woher k_____ ihr?

○ Wir s_____ Mansour und Kilian. Wir k_____
aus Berlin. Ich sp_____ Deutsch.
Mansour sp_____ Deutsch und Persisch.

C

C5 **18** **Mein Name ist …**

1 ▶ 18–19   **a**   Hören Sie. Wo leben die Personen? Umkreisen Sie.

    1   Hanne Winkler lebt in   Stuttgart.   Hamburg.

    2   Ashraf Shabaro lebt in   Syrien.   Deutschland.

b   Ordnen Sie zu.

Frau   Kinder   Berlin   ~~Stuttgart~~   Norddeutschland   Süddeutschland

    1   Hanne Winkler kommt aus Stuttgart .

    2   Stuttgart ist in _____.

    3   Hamburg ist in _____.

    4   Ashraf wohnt in _____.

    5   Ashrafs _____ heißt Karin.

    6   Ashrafs _____ sprechen Arabisch und Deutsch.

1 ▶ 18–19   **c**   Hören Sie noch einmal und vergleichen Sie.

C5 **19** **Lesen Sie und schreiben Sie die Antworten.**

Ich bin Lenka. Ich komme aus Zagreb. Zagreb ist die Hauptstadt von Kroatien. Jetzt lebe ich in Lübeck. Das ist in Norddeutschland. Mein Mann ist Österreicher. Er heißt Manfred. Er spricht Deutsch, Englisch und ein bisschen Kroatisch. Er ist Lehrer. Meine Kinder heißen Sara und Michael. Sie sind 11 und 9.

    a   Woher kommt Lenka?   Sie kommt aus Kroatien.

    b   Was ist Zagreb? _____

    _____

    c   Woher kommt Manfred? _____

    d   Was spricht Manfred? _____

    _____

    e   Wie heißt Lenkas Tochter? _____

D Zahlen und Personalien

D1 **20** Sie hören zehn Zahlen. Markieren Sie.

1 ▶ 20

0 null	**1** eins	**2** zwei	**3** drei	**4** vier	**5** fünf	**6** sechs	**7** sieben	**8** acht	**9** neun
10 zehn	**11** elf	**12** zwölf	**13** (dreizehn)	**14** vierzehn	**15** fünfzehn	**16** sechzehn
17 siebzehn	**18** achtzehn	**19** neunzehn	**20** zwanzig

D1 **21** Markieren Sie und ergänzen Sie die Zahlen.

V I E R Z E H N E I N S Z W A N Z I G S E C H Z E H N Z W Ö L F Z W E I S E C H S

a 14 b _____ c _____ d _____ e _____ f _____ g _____

D2 **22** Schreiben Sie die Telefonnummern.

a 15 11 08 _fünfzehn, elf, null, acht_
b 20 10 17 _____
c 12 06 04 _____
d 16 01 19 _____
e 17 14 02 _____

D2 **23** Haben Sie Kinder?
Ergänzen Sie *haben* in der richtigen Form.

a ◆ Hallo, eine Frage: _Hast_ du Kinder?
   ○ Nein. Meine Schwester _____ zwei Kinder.

b ◆ Und ihr? _____ ihr Kinder?
   ▲ Ja, wir _____ ein Kind.

c ◆ _____ Sie Kinder, Herr Zöllner?
   ◻ Ja, ich _____ drei Kinder.

D3 **24** Verbinden Sie.

a ◆ Wie heißen Sie?   1 ○ Aus der Türkei.
b ◆ Woher kommen Sie?   2 ○ Elif Karadeniz.
c ◆ Wo sind Sie geboren?   3 ○ Nein, ich bin geschieden.
d ◆ Wie ist Ihre Adresse?   4 ○ 089/20 02 20.
e ◆ Wie ist Ihre Telefonnummer?   5 ○ Ja, drei.
f ◆ Sind Sie verheiratet?   6 ○ Hansastraße 10, 80686 München.
g ◆ Haben Sie Kinder?   7 ○ In Ankara.

D3 **25** Ordnen Sie zu.

Bist du verheiratet?   Hast du Kinder?   ~~Wie heißt du?~~   Wie ist deine Adresse?
Wie ist deine Telefonnummer?   Wo bist du geboren?   Woher kommst du?

◆   _Wie heißt du?_
○   Hasib Qorbani.

◆   _____
○   Aus Afghanistan.

◆   _____
○   In Herat.

◆   _____
○   Parkstraße 7. In Stuttgart.

◆   _____
○   23 57 18.

◆   _____
○   Nein, ich bin ledig.

◆   _____
○   Nein. Du?

D3 **26** Schreiben Sie einen Text über Manuel Souza.

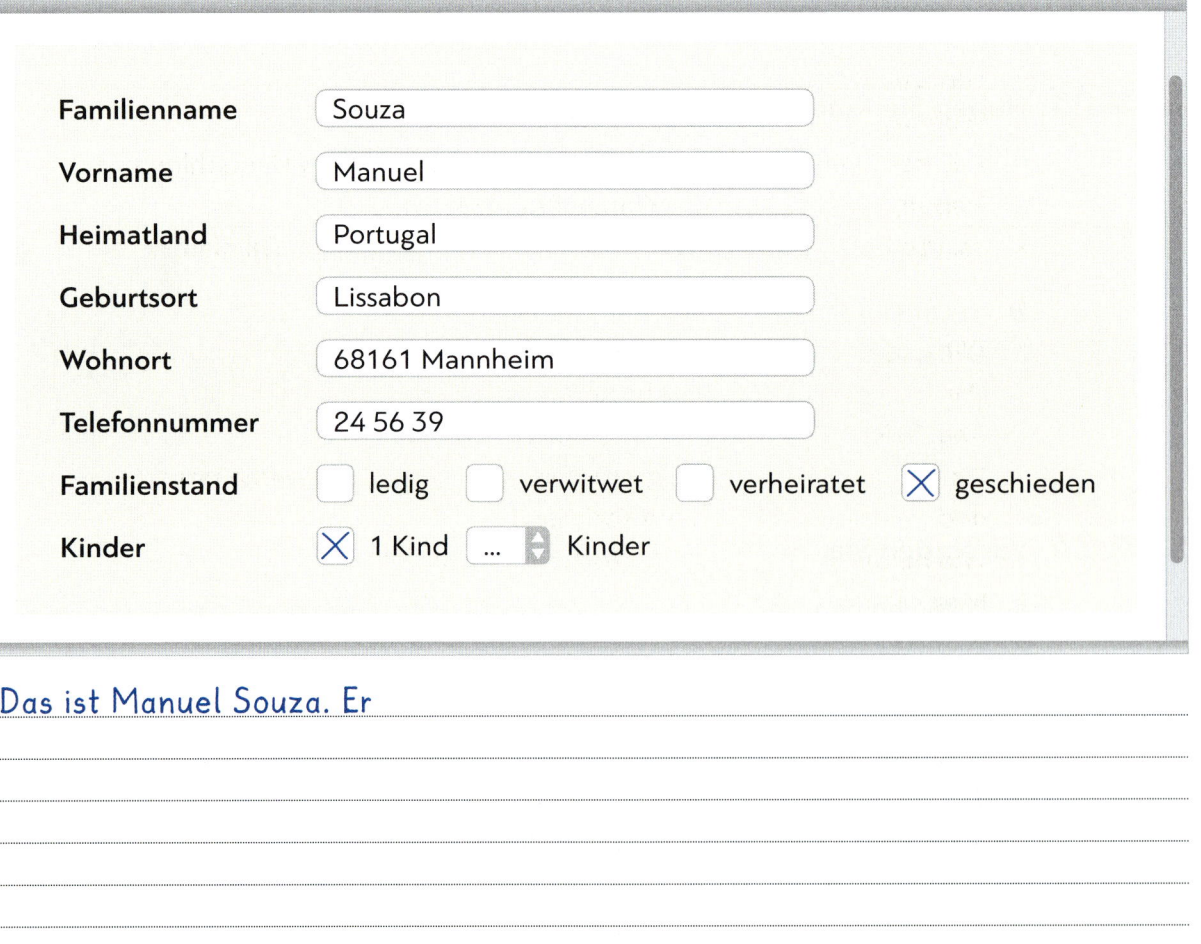

Familienname	Souza
Vorname	Manuel
Heimatland	Portugal
Geburtsort	Lissabon
Wohnort	68161 Mannheim
Telefonnummer	24 56 39
Familienstand	☐ ledig ☐ verwitwet ☐ verheiratet ☒ geschieden
Kinder	☒ 1 Kind [...] ⇕ Kinder

Das ist Manuel Souza. Er
_____
_____
_____
_____

Test Lektion 2

1 Ergänzen Sie.

a meine Eltern = mein _Vater_ und meine _____

b meine Geschwister = mein _____
und meine _____

c meine Kinder = mein _____ und meine _____

d meine Großeltern = mein _____
und meine _____

Wörter

_____ / 7 Punkte

2 Ergänzen Sie.

◆ Wo w o h n e n (a) Sie, Herr Jovanović?

○ In Bielefeld.

◆ Und wo sind Sie g____b____r____n (b)?

○ In Belgrad. Das ist die H_____p____st_____ _____ (c) von Serbien.

◆ Sind Sie v_____h_____r_____t (d)?

○ Ja. Meine F_____ _____ _____ (e) heißt Kerstin.

_____ / 4 Punkte

● 0 – 5
● 6 – 8
● _____ 9 – 11

3 Ordnen Sie zu.

| Er | ihr | Sie | ~~mein~~ | mein | deine | bin | ist | hat | kommt |

| kommen | heißt | sind |

a

◆ Das ist _mein_ Mann.

○ Woher _____ Ihr Mann?

◆ Aus der Ukraine. _____ lebt schon lange in Deutschland.

○ Haben _____ Kinder, Frau Glöckl?

◆ Ja, das ist _____ Sohn. Er _____ Damian.

b

◆ Wir _____ Mascha und Dascha.
Wir _____ aus Russland.

○ Aha. Seid _____ verheiratet?

◆ Ich _____ ledig. Mascha _____ verheiratet
und _____ eine Tochter.

○ Wie heißt _____ Tochter, Mascha?

▲ Irina.

Grammatik

_____ / 12 Punkte

● 0 – 6
● 7 – 9
● _____ 10 – 12

4 Ergänzen Sie.

◆ Hallo, Sarah. W ie g_____ e_____ d_____ (a)?

○ S_____ g_____ (b). Und dir?

◆ Super. D_____ i_____ (c) Herr Mbuta.

○ Guten Tag. W_____ g_____ e_____ l_____ (d)?

▲ G_____, d_____ (e).

Kommunikation

_____ / 5 Punkte

● 0 – 2
● 3
● _____ 4 – 5

A Haben wir Eier?

A1 **1** Markieren Sie die Wörter und ordnen Sie zu.

A K Ä S E D E F I S C H F W O F L V K W E N B R O T U N B U T T E R L O Q S M I B I E R L I R
F I F L E I S C H Z E B O P A O M E H L D H E B V P Ö E F V E R T Q W B Y R U V B H F T E E N

A _____

B _____

C _Käse_

D _____

E _____

F _____

G _____

H _____

A1 **2** Wie heißen die Wörter? Ergänzen Sie.

a _Reis_

b _____

c _____

d _____

e _____

f _____

g _____

h _____

Hallo Jonas, kaufst du bitte
R_____ck
F__ch   W__n
__ch____de   Mineralw____r
Sa____   ____ot

Danke. Jenny

A1 **3** Korrigieren Sie die Wörter.

richtig schreiben

a Milk   _Milch_

b Peffer   _Pfeffer_

c Sals _____

d Zuker _____

e Kese _____

f Schockolade _____

g Meniralwasser _____

h Teh _____

A2 **4 Satzmelodie und Satzakzent in Fragen**

1 ▶ 21 **a** Hören Sie und achten Sie auf die Betonung: _____ und die Satzmelodie ↗ ↘.

Phonetik

1

◆ Haben Sie S̲alz? ↗

○ S̲alz? ↗ Ja, nat̲ürlich. ↘

◆ Wo i̲st das denn? ↘

○ H̲ier. ↘

| Haben Sie S̲alz? | Ja. / Nein. |

2

◆ Ist das Z̲ucker? ↗

○ N̲ein. ↘ Das ist S̲alz. ↘

◆ Und was ist d̲as? ↗

○ Das ist M̲ehl. ↘

3

◆ Haben wir R̲eis? ↗

○ N̲ein. ↘

◆ Wir brauchen R̲eis. ↘ Was brauchen wir n̲och? ↘

○ Tee und Schokol̲ade. ↘

1 ▶ 21 **b** Hören Sie noch einmal. Sprechen Sie dann die Gespräche in a mit Ihrer Partnerin / Ihrem Partner.

A2 **5 Verbinden Sie.**

a	Brauchen wir Mineralwasser?		**1**	Nein, tut mir leid.
b	Was brauchen wir?		**2**	Nein, das ist Bier.
c	Hast du Reis?		**3**	Nein.
d	Ist das Wein?		**4**	Ja, gut.
e	Kaufst du bitte Brot?		**5**	Brot und Milch.

A3 **6 Was passt? Umkreisen Sie.**

a	◆	Brauchen wir Fleisch? Was brauchen wir?	○	Ja.
b	◆	Ist das Käse? Wo ist Käse?	○	Ja, natürlich.
c	◆	Haben wir Butter? Was brauchen wir?	○	Butter.
d	◆	Ist das Mina? Wer ist das?	○	Das ist Mina, meine Schwester.
e	◆	Kaufst du bitte Mehl? Wo kaufen wir Mehl?	○	Ja, gut.
f	◆	Haben Sie Kinder? Wie alt sind Ihre Kinder?	○	Drei und neun.
g	◆	Sprechen Sie Englisch? Was sprechen Sie?	○	Nein, tut mir leid.
h	◆	Woher kommen Sie? Wo sind Sie geboren?	○	Aus Syrien.

A3 **7** **Tabelle 1 oder Tabelle 2? Ordnen Sie zu.**

~~Heißt du Julia?~~ ~~Wie heißt du?~~ Woher kommen Sie? Kommen Sie aus der Türkei?

Sprichst du Deutsch? Was sprichst du? Was haben wir? Haben wir Salz und Pfeffer?

Tabelle 1

Wie	heißt	du	?

Tabelle 2

Heißt	du	Julia	?

A3 **8** **Schreiben Sie Fragen.**

a du – kommst – woher   Woher kommst du?

b Sie – aus Italien – kommen

c Sie – in Deutschland – wohnen

d Reis – das – ist

e Tee – du – hast

f wohnen – Sie – wo

g du – hast – Kinder

h wie – deine – Tochter – heißt

A3 **9** **Markieren Sie und schreiben Sie Fragen.**

WAS**WIEHEISSENSIE**HCOISTDASMALMWERISTDASSOSOLN
HEISSENSIEOHNHABENSIEKINDERAHWIEGEHTESIHNENAL
SODASSKOMMENSIEAUSBRUDEISWOHNENSIEINIWASESST

a ◆ Wie heißen Sie ?   ○ Ich heiße Martin.

b ◆ _____ Ihr Vorname?   ○ Nein, das ist mein Familienname.

c ◆ _____ ?   ○ Mein Bruder.

d ◆ _____ Kunzmann?   ○ Nein, ich heiße Künzelmann.

e ◆ _____ ?   ○ Ja, ich habe eine Tochter.

f ◆ _____ ?   ○ Danke gut. Und Ihnen?

g ◆ _____ Österreich?   ○ Nein, aus der Schweiz.

h ◆ _____ Frankfurt?   ○ Nein, ich wohne in Heidelberg.

B1 **10 Wortakzent**

1 ▶ 22 **a** Hören Sie und sprechen Sie nach.

Phonetik

eine Ban<u>a</u>ne   ein <u>A</u>pfel   ein K<u>u</u>chen   ein Br<u>ö</u>tchen   ein W<u>ü</u>rstchen

eine B<u>i</u>rne   eine Tom<u>a</u>te   eine K<u>i</u>wi   ein K<u>a</u>ffee   ein S<u>a</u>ft

1 ▶ 22 **b** Hören Sie noch einmal und ordnen Sie zu.

aaaa, uuuu …

eine Banane

a, u, i …

ein Apfel

B1 **11 Ordnen Sie zu.**

• ~~Apfel~~   • Tomate   • Ei   • Kiwi   • Kuchen   • Banane   • Brötchen

• Birne   • Würstchen   • Orange

Das ist • • ein Apfel,

Das ist • eine

B1 **12 Was ist das? Ordnen Sie zu.**

• ~~ein Kind~~   • eine Stadt   • eine Hausnummer   • ein Land   • ein Vorname

• ein Mann   • eine Familie   • eine Frau

Das ist …

a   • ein Kind

b _____

c _____

d _____

e _____

f _____

g _____

h _____

Jasmin

HAMBURG

18

B

B2 **13 Was ist richtig? Umkreisen Sie.**

a ◆ Was ist das?
   ○ Das ist (ein) eine Würstchen.

b ◆ Ist das ein eine Tomate?
   ○ Nein, das ist kein keine Tomate.

c ◆ Hier: Ein Eine Brötchen.
   ○ Das ist doch kein keine Brötchen.
   Das ist ein eine Kuchen.

d ◆ Das ist kein keine Apfel, oder?
   ○ Nein, das ist ein eine Birne.

B3 **14 Ordnen Sie zu.**

ein   ein   ein   eine   eine   ~~kein~~   kein   keine

a
◆ Oh, _____ Apfel. Danke.
○ Das ist _kein_ Apfel.
Das ist _____ Tomate.

b
◆ Wie heißt das auf Deutsch? Brot?
○ Das ist doch _____ Brot.
Das ist _____ Brötchen.

c
◆ Ist das _____ Orange?
○ Das ist _____ Orange.
Das ist _____ Apfel.

B3 **15 Schreiben Sie Sätze wie im Beispiel.**

A  Apfel?

Das ist kein Apfel.
Das ist eine Birne.

C  Orange?

_____
_____

B  Hmm, Kuchen!

Das ist
Das ist

D Tomate – nein!
Wie heißt das auf Deutsch?

_____
_____

B3 **16** *ein – eine – mein – meine*

a Ergänzen Sie.

◆ Das ist __ein__ Brötchen.

○ Das ist __mein__ Brötchen!

◆ Und auch _____ Banane.

○ Das ist _____ Banane!

◆ Und da ist auch _____ Apfel.

○ Das ist _____ Apfel!

◆ Und _____ Ei.

○ Das ist _____ Ei!

◆ Und ich? Was habe ich?

b Ergänzen Sie die Tabelle.

● ein Brötchen	● kein Brötchen	● mein Brötchen
	● keine Banane	

B3 **17** **Hören Sie und schreiben Sie.**

1 ▶ 23

a Iran __ist__ _____ Land. Ich komme aus Schiras.

Das ist _____ im Süden.

b In Iran sprechen wir Persisch. _____ _____ Sprache.

_____ Sprache. _____ Persisch und ein bisschen

Deutsch.

c _____ ist Kourosh. _____ heißt

Mahshid. Wir haben _____ Kinder.

d _____ _____ Orange. Orange heißt auf Persisch „narengi".

B3 **18** **Ordnen Sie zu.**

~~eine~~ ein mein mein dein deine keine keine

a ◆ Ist das __eine__ Frau?

○ Nein, das ist _____ Frau. Das ist _____ Mann:

Herr Sommer, mein Lehrer.

b ◆ Ich bin Marvis Joseph.

○ Joseph ... ist das _____ Vorname?

◆ Nein, das ist _____ Familienname.

c ◆ Ist das _____ Schwester?

○ Nein, ich habe _____ Schwester. Das ist _____ Bruder.

C Kaufst du bitte zehn **Eier**?

C1 **19** **Hören Sie und zeichnen Sie.**

1 ▶ 24

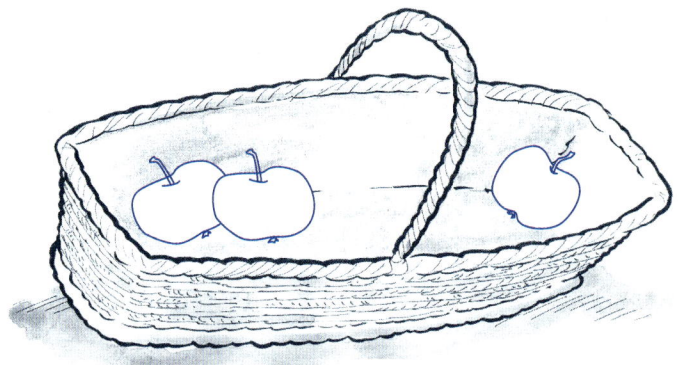

C2 **20** **Ergänzen Sie.**

a ein Würstchen → fünf Würstchen   d ein Ei   → sechs _____

b eine Orange → drei _____   e eine Kiwi → vier _____

c ein Brot   → zwei _____   f ein Apfel → elf   _____

C3 **21** **Zehn Eier, zwei Bananen ...**

a Schreiben Sie.

● ein Ei   ● eine Banane   ● ein Apfel   ● ein Brot   ● ein Brötchen   ● eine Kiwi
● ein Pfannkuchen   ● eine Orange   ● ein Würstchen   ● eine Tomate   ● eine Birne

● ein Ei – ● Eier
● eine Banane – ...

b Ordnen Sie zu.

– / ¨	-(e)n	-e / ¨e	¨er / -er	-s
	Bananen		Eier	

c Zwei Frauen, zwei Männer ... Markieren Sie.

Frau**en** – Mä**nner** – Brüder – Schwestern – Kinder – Töchter – Söhne –
Omas – Opas – Mütter – Väter – Namen – Länder – Städte – Straßen

d Schreiben Sie die Wörter aus c wie in Übung 20.

eine Frau → zwei Frauen
ein Mann → drei Männer
...

C3 22 Was sehen Sie? Ergänzen Sie.

A Äpfel

B Birn_____

C Kiwi_____

D Banane_____

E Orange_____

C3 23 Schreiben Sie Fragen und ergänzen Sie die Antworten.

a ◆ Sind das Eier?
  ○ Nein, das sind _keine Eier_ .

b ◆ Ist das eine Birne?
  ○ Nein, das ist _____ .

c ◆ _____ ?
  ○ Nein, das sind keine Tomaten.

d ◆ _____ ?
  ○ Nein, das ist kein Würstchen.

e ◆ Sind das Brote?
  ○ Nein, das sind

  _____ .

f ◆ _____ ?
  ○ Nein, das ist kein Kuchen.

g ◆ Sind das Bananen?
  ○ Nein, _____

  _____ .

C3 24 Was braucht Frau Wagner? Was braucht sie nicht? Hören Sie und ergänzen Sie.

1 ▶ 25

Frau Wagner braucht _drei Bananen,_

_____

Sie braucht _keine Äpfel, kein_ _____

C3 25 Wie viele ... hat Maria? Ergänzen Sie.

Maria

a Maria hat vier Kinder, zwei S_____
und zwei T_____ .

b Sie hat eine O _ma_ und zwei O_____ .

c Sie hat drei B_____ , aber
keine S_____ .

D Preise und Mengenangaben

D1 **26 Welche Zahl ist das? Umkreisen Sie.**

a	zwanzig	12	(20)
b	fünfundvierzig	45	54
c	sechzig	16	60
d	siebenundsiebzig	70	77
e	vierzehn	14	40
f	achtundneunzig	89	98

27 Preise

a Wie sagt man das? Ergänzen Sie.

1   3,⁴⁹ €   drei Euro neunundvierzig

2   8,⁹⁰ € _____

3   11,⁶⁵ € _____

4   0,⁷⁷ € _____ Cent

5   0,⁵⁰ € _____

1 ▶ 26   b Hören Sie und sprechen Sie nach.

28 Ordnen Sie zu.

Liter   Packung   Kilo   Flasche   Becher   Gramm   ~~Dose~~

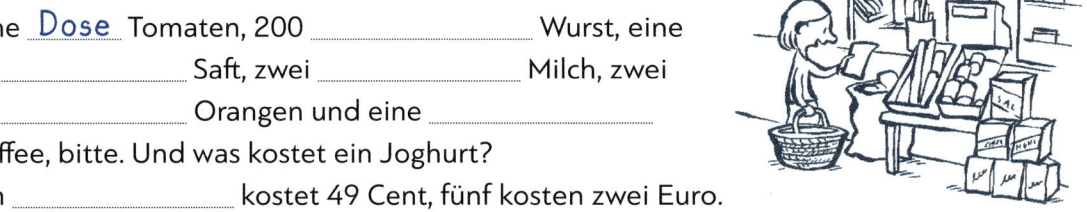

◆ Was brauchst du denn?
○ Eine **Dose** Tomaten, 200 _____ Wurst, eine
_____ Saft, zwei _____ Milch, zwei
_____ Orangen und eine _____
Kaffee, bitte. Und was kostet ein Joghurt?
◆ Ein _____ kostet 49 Cent, fünf kosten zwei Euro.

29 Ergänzen Sie: kostet – kosten.

a ◆ Was **kostet** eine Flasche Tomatensaft?   ○ 1,79 Euro.
b ◆ Wie viel _____ 100 Gramm Käse?   ○ 99 Cent.
c ◆ Was _____ zwei Brötchen?   ○ 80 Cent.
d ◆ Was _____ eine Flasche Wein?   ○ 5 Euro.
e ◆ Wie viel _____ ein Kilo Hackfleisch?   ○ 7,98 Euro.

E2 **30** Ergänzen Sie *möchten* in der richtigen Form.

A

◆ Was <u>möchten</u> Sie, bitte?

○ Ich .... 100 Gramm Käse.

B

◆ .... du auch Tee?

○ Ja, bitte.

C

◆ Wir .... Schokolade, Mama!

○ Tut mir leid, wir haben keine Schokolade.

D

◆ Mama, wir haben Hunger.

○ .... ihr Pfannkuchen?

▲ Ja! Bananenpfannkuchen!

◆ Nein! Pfannkuchen mit Zucker.

○ Meine Kinder ....
Pfannkuchen. Mein Sohn ....
Bananenpfannkuchen, meine Tochter
.... Pfannkuchen mit Zucker. Und ich?
Ich .... Schokoladenpfannkuchen.

E2 **31** **Im Gemüseladen. Ordnen Sie das Gespräch und schreiben Sie.**

○ ○ Guten Tag. Ich brauche Zwiebeln, bitte.

○ ○ Hier, bitte.

○ ◆ Wie viel möchten Sie denn?

① ◆ Bitte schön?

⑤ ◆ Gern. Sonst noch etwas?

○ ◆ 2,39 Euro. Möchten Sie sonst noch etwas?

○ ○ Ein Kilo.

○ ○ Nein, danke. Das ist alles.

⑨ ◆ Das macht 4,38 Euro.

○ ○ Ja, ich brauche auch Kartoffeln. Wie viel kostet ein Kilo?

◆ <u>Bitte schön?</u>

○ _____

◆ _____

○ _____

◆ <u>Gern. Sonst noch etwas?</u>

○ _____

◆ _____

○ _____

◆ <u>Das macht 4,38 Euro.</u>

○ _____

E2 **32** **Lesen Sie und kreuzen Sie an: richtig oder falsch?**

Prüfung
Lesen,
Teil 3

⟩⟩ SONDERANGEBOT ⟩⟩⟩

Brötchen   ~~0,45 €~~ 0,39 €

Apfelkuchen ~~1,99 €~~ 1,39 €

A

Pause!

Wir haben für Sie:

Mineralwasser   0,80 €

Kaffee und Tee   1,00 €

Säfte
(Apfel, Birne, Orange …)   1,20 €

C

Rezept-Idee

Heute: Bananenpfannkuchen

250 g Mehl

5 Eier

½ l Milch

Salz

25 g Zucker

2 Bananen

Alles zusammen nur: 5 Euro!

B

a Ein Brötchen kostet 39 Cent.   ○ richtig ○ falsch

b Für Bananenpfannkuchen brauchen Sie ein Kilo Mehl.   ○ richtig ○ falsch

c Ein Kaffee kostet 1,20 €.   ○ richtig ○ falsch

Test Lektion 3

1 **Bilden Sie Wörter und ordnen Sie zu.**

was | ~~lo~~ | Kar | ghurt | schen | feln | ne | Fla | cher | Mi | tof
ser | Be | Jo | ~~Ki~~ | ral

A Ein _Kilo_ _____

C zwei _____

B zwei _____

Wörter

_____ / 5 Punkte

● 0 – 2
● 3
_____ ● 4 – 5

2 **Schreiben Sie Fragen.**

a _Sind das Äpfel_ ?   (das – Äpfel – sind)
b _____ ? (Brot – bitte – du – kaufst)
c _____ ? (wir – brauchen – Orangen)
d _____ ? (brauchen – was – wir)
e _____ ? (du – möchtest – Tee)
f _____ ? (möchtest – du – wie viel)

Grammatik

_____ / 5 Punkte

_____ / 10 Punkte

● 0 – 7
● 8 – 12
_____ ● 13 – 15

3 **Ergänzen Sie.**

a _eine_ Banane   → fünf _Bananen_
b _____ Kuchen   → zwei _____
c _____ Kartoffel   → zehn _____
d _____ Kiwi   → drei _____
e _____ Ei   → sechs _____
f _____ Brot   → vier _____

4 **Ordnen Sie zu.**

Das ist alles | ~~Ich möchte~~ | Ja, bitte | 100 Gramm Wurst | Was kosten

◆ Bitte schön?
○ _Ich möchte_ (a) Wurst, bitte.
◆ Wie viel möchten Sie denn?
○ _____ (b) 100 Gramm?
◆ 1,90 Euro.
○ Dann _____ (c), bitte.
◆ Sonst noch etwas?
○ _____ (d). Ein Kilo Hackfleisch.
   _____ (e).
◆ Das macht zusammen 7,89 Euro.

Kommunikation

_____ / 4 Punkte

● 0 – 2
● 3
_____ ● 4

A **Das Bad** ist dort.

A1 **1** **Korrigieren Sie die Wörter.**

richtig
schreiben

a Fluhr   *Flur*
b Kuche   _____
c Simmer   _____

d Ballkon   _____
e Toalette   _____
f Bat   _____

A1 **2** **Ordnen Sie die Wörter aus 1 zu und ergänzen Sie: *der – das – die*.**

● ein / *der*	● ein / _____	● eine / _____
Flur		

A2 **3** **Ergänzen Sie: *ein – eine – der – das – die*.**

a
◆ Herzlich willkommen. Das ist meine Wohnung.
○ Schön! Aber ist hier auch *ein* Bad?
◆ Natürlich, hier ist alles: _____ Schlafzimmer,
_____ Wohnzimmer, auch _____ Bad
und _____ Balkon.

b
○ Ist das hier _____ Wohnzimmer?
◆ Ja, das hier ist _____ Wohnzimmer.

c
○ Ach, und hier ist _____ Bad?
◆ Ja, das ist _____ Bad.

d
◆ _____ Balkon ist hier.
○ Oh, _____ Balkon ist schön.

e
○ Haben Sie auch _____ Küche?
◆ Ja, _____ Küche ist dort.

A2 **4** **Ordnen Sie zu.**

• Ein Sohn • ein Sohn • ~~eine Stadt~~ • eine Stadt • der Bruder • Das Zimmer
• ein Zimmer • Die Stadt • die Hauptstadt

a Wien ist _eine Stadt_ . Wien ist _____ von Österreich.
b Kiel ist _____ in Norddeutschland.
_____ ist sehr schön.
c Das ist Franka Lob. Sie hat zwei Söhne. _____ heißt Felix
und _____ heißt Julius. Julius ist _____
von Felix.
d Lara hat keine Wohnung, aber sie hat _____ .
_____ ist groß und hell.

A2 **5** **Ordnen Sie die Wörter in Gruppen.**
Suchen Sie die Wörter im Lernwortschatz (Seite 181–190). Ergänzen Sie: • *der* – • *das* – • *die*.

~~Apfel~~ Banane Brot Brötchen ~~Bruder~~ Ei Familienname Fisch Fleisch
Frau Gemüse Hausnummer Joghurt Kartoffel Käse Kind Kuchen Kurs
Land Mann Milch Mutter Nummer Obst Orange Postleitzahl Salz
Schwester Sohn Sprache Stadt ~~Straße~~ Tee Telefonnummer Tochter
Tomate Vater Vorname Wein Adresse Name

Familie	Formular	Lebensmittel
• der Bruder	• die Straße	• der Apfel

A2 **6** **Ergänzen Sie: *ein – eine – der – das – die*.**

a ◆ Kennst du Füssen?
  ○ Nein. Ist das _eine_ Stadt?
  ◆ Ja. Das ist _____ Stadt in Süddeutschland.
  _____ Stadt ist sehr schön.

b ◆ Kennst du Störtebeker Bier? Das ist _____ Bier aus
  Norddeutschland.
  ○ Ja, _____ Bier ist sehr gut.

c ◆ Ich heiße Ismail Omar.
  ○ Und was ist _____ Familienname?
  ◆ Omar.
  ○ Das ist doch kein Familienname. Ist das nicht _____ Vorname?
  ◆ Ja, aber das ist auch _____ Familienname.

B **Das Zimmer** ist sehr schön. **Es** kostet …

B1 **7** **Verbinden Sie und markieren Sie.**

a Das Zimmer ist billig. ⟶
b Die Wohnung ist groß.
c Der Balkon ist schön.
d Das Wohnzimmer ist toll.

1 Es ist sehr hell.
2 Er ist sehr groß.
3 Es kostet 110,- Euro.
4 Und sie ist neu.

B1 **8** **Ergänzen Sie: *er – es – sie*.**

a ◆ Was kostet die Wohnung?
　　○ _Sie_ kostet 400 Euro.

b ◆ Die Küche ist schön.
　　○ Ja, _____ ist sehr hell.

c ◆ Wo ist der Balkon?
　　○ Hier. _____ ist klein, aber sehr schön.

d ◆ Und das Bad? Wo ist denn das Bad?
　　○ Dort. _____ ist groß, aber sehr dunkel.

e ◆ Und hier ist das Wohnzimmer.
　　○ Schön! _____ ist sehr groß.

B1 **9** **Ergänzen Sie: *der – das – die* und *er – es – sie*.**

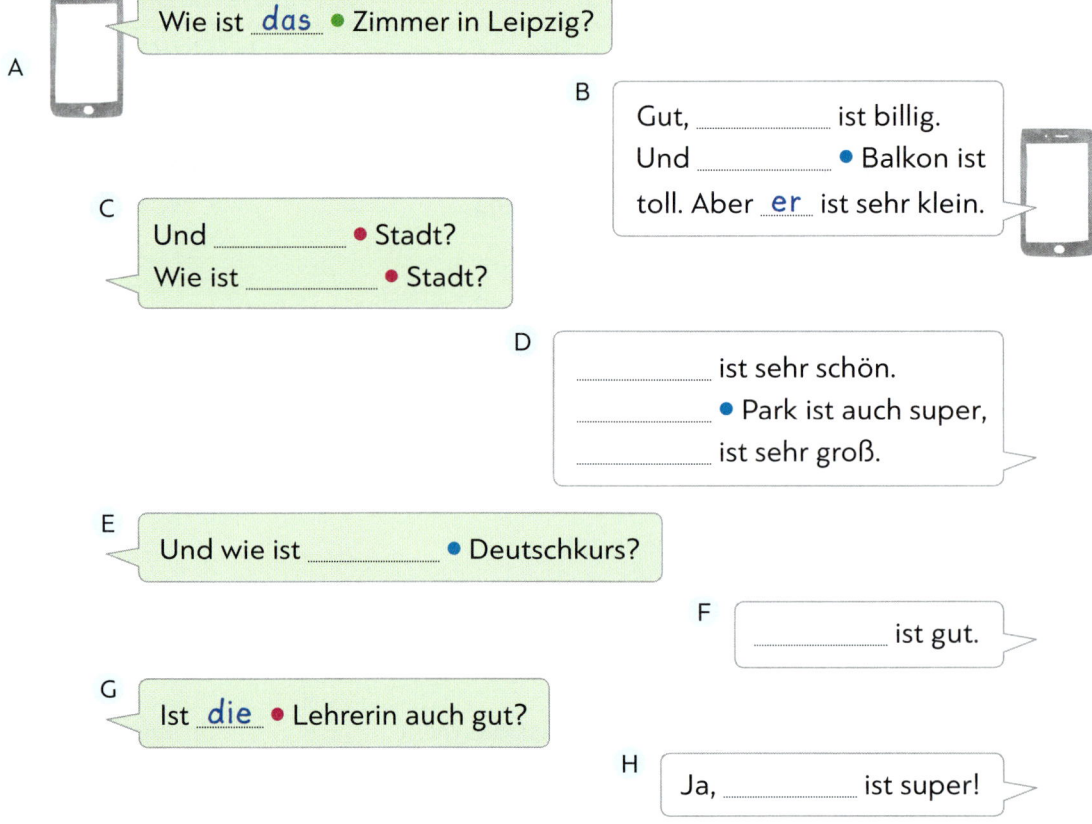

A Wie ist _das_ • Zimmer in Leipzig?

B Gut, _____ ist billig.
Und _____ • Balkon ist
toll. Aber _er_ ist sehr klein.

C Und _____ • Stadt?
Wie ist _____ • Stadt?

D _____ ist sehr schön.
_____ • Park ist auch super,
_____ ist sehr groß.

E Und wie ist _____ • Deutschkurs?

F _____ ist gut.

G Ist _die_ • Lehrerin auch gut?

H Ja, _____ ist super!

B2 **10** Markieren Sie und ordnen Sie zu.

K U N E S U N B R E I T K I E L S O F N E U F A L E (A L T) U N D (G R O S S) L O F E R K O
B N S C H M A L A L I E F H E L L K A M E R K A L D U N K E L O F E K L E I N A B E N I

A

Das Zimmer ist _____.   Das Zimmer ist _____.

B

Das Haus ist _____.   Das Haus ist _alt_.

C

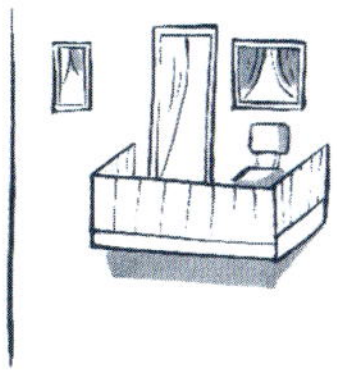

Der Balkon ist _groß_.   Der Balkon ist _____.

D

Die Straße ist _____.   Die Straße ist _____.

B2 **11** Wie heißt das Gegenteil? Schreiben Sie Sätze.

a ◆ Der Balkon ist groß.
   ○ _Er ist nicht groß, er ist klein._

b ◆ Der Flur ist breit.
   ○ _____

c ◆ Das Kinderzimmer ist hell.
   ○ _____

d ◆ Die Toilette ist neu.
   ○ _____

e ◆ Das Haus ist teuer.
   ○ _____

f ◆ Die Küche ist schön.
   ○ _____

B2 **12** Sehen Sie das Bild an und schreiben Sie die Sätze mit *nicht* oder *sehr*.

a ◆ Das Zimmer ist klein.

   ○ <u>Das Zimmer ist sehr klein.</u>

b ◆ Das Zimmer ist groß.

   ○ ....

c ◆ Das Zimmer ist hell.

   ○ ....

d ◆ Das Zimmer ist dunkel.

   ○ ....

e ◆ Das Zimmer ist schön.

   ○ ....

f ◆ Das Zimmer ist hässlich.

   ○ ....

B3 **13** *nicht* oder *kein/keine*? Umkreisen Sie.

a Das ist nicht (kein) Apfel. Das ist eine Tomate.

b Ich habe nicht keine Kinder.

c Das Zimmer ist nicht kein teuer.

d Ich bin nicht kein verheiratet.

e Wir haben nicht kein Kinderzimmer.

B3 **14** Lesen Sie und schreiben Sie.

Sie sind Fernando Álvarez und Sie kommen aus Mexiko. Sie sind 35. Ihre Frau heißt Maria. Sie haben ein Haus und wohnen in Nürnberg. Sie sprechen Englisch und Sie lernen Deutsch.

Nein, das ist nicht richtig.
<u>Ich bin nicht Fernando Álvarez und</u>

....

....

....

....

....

... Ich spreche schon gut Deutsch!

C Die **Möbel** sind sehr schön.

C1 15 Markieren Sie noch sechs Möbel und schreiben Sie. Ergänzen Sie: *der – das – die*.

W I E S O F A W O B E S T U H L M I T I S C H S O K A B R E G A L C H E O H K E
Z I M S E S S E L I M E R A U S C H B E T T D E C P R O S C H R A N K I M B E C K

das Sofa, der _____

_____

C1 16 Was fehlt? Zeichnen Sie und ergänzen Sie.

A

• der Fernseher
• das _____

B

_____
_____

C

_____
_____
_____

D

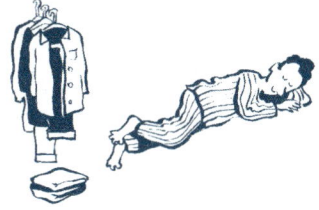

_____
_____

C1 17 Was passt nicht? Streichen Sie.

a das Regal – der Schrank – ~~die Badewanne~~ – das Bett
b der Kühlschrank – das Waschbecken – die Waschmaschine – der Herd
c der Teppich – das Sofa – der Sessel – der Stuhl
d die Dusche – das Waschbecken – die Badewanne – das Regal
e der Flur – die Küche – das Haus – das Schlafzimmer
f hässlich – hell – modern – groß

C

C2 **18 Wie viele ...?**

a Suchen Sie im Lernwortschatz (Seite 187–190). Ergänzen Sie: ● *der* – ● *das* – ● *die*.

1 ● der Tisch   die Tische
2 _____ Sessel   _____
3 _____ Sofa   _____
4 _____ Teppich   _____
5 _____ Regal   _____
6 _____ Lampe   _____
7 _____ Stuhl   _____

b Was ist im Zimmer? Schreiben Sie.

Im Zimmer sind drei Tische, _____

_____

Im Zimmer ist _____

_____

c Was ist nicht im Zimmer? Schreiben Sie noch drei Beispiele.

Im Zimmer ist kein Bett, _____

_____ .

C2 **19 Was ist richtig? Kreuzen Sie an: a, b oder c.**

1 ▶ 27–29

Prüfung Hören, Teil 1

Sie hören jeden Text zweimal.

1 Was möchte die Frau?

a ○ Stühle  b ○ Betten  c ○ Sessel

2 Woher kommt die Lampe?

a ○ Schweden  b ○ Dänemark  c ○ Italien

3 Was kostet die Lampe?

a ○ neunundfünfzig Euro   59€

b ○ fünfundneunzig Euro  95€

c ○ neun Euro fünfzig  9,50€

C2 20 Ergänzen Sie: *Sehr gut – Es geht – Nicht so gut.*

Wie gefällt Ihnen das Sofa hier?

◆ (☺) _____. Es ist sehr modern.

○ (☺) _____. Es ist sehr groß.

▲ (☺) _____. Aber es ist sehr teuer.

□ (☹) _____. Es ist sehr hässlich.

✦ (☺) _____. Die Farbe ist schön.

C2 21 Ergänzen Sie: *gefällt – gefallen.*

◆ Das Regal dort ist schön!
Wie <u>gefällt</u> dir das Regal?

○ Sehr gut. Es ist sehr modern.

◆ Ja, das finde ich auch.
Wie _____ dir der Teppich?

○ Nicht so gut. Er ist hässlich. Aber wie
_____ dir die Sessel?

◆ Es geht. Sie sind sehr groß. Und wie
_____ dir die Lampe?

○ Gut. Sie ist auch nicht teuer.

C2 22 Lesen Sie das Gespräch in 21 noch einmal und ergänzen Sie.

a Teppich: ● ein/ <u>der</u> → <u>er</u>

b Regal: ● ein/ _____ → _____

c Lampe: ● eine/ _____ → _____

d zwei Sessel: ● – / _____ → _____

C2 23 Ergänzen Sie: *der – das – die / ein – eine / er – es – sie.*

◆ Haben Sie Schränke, Sofas und auch Waschmaschinen?

○ Ja, natürlich, wir haben alles. <u>Die</u> Schränke und
_____ Sofas sind hier, _____ Waschmaschinen
sind dort. Und wie gefällt Ihnen _____ Schrank hier?

◆ Gut, _____ ist schön und groß. Was kostet _____ ?

○ 45 Euro. Hier ist auch _____ Schrank, _____ kostet 60 Euro.

◆ Und _____ Sofa dort?

○ 30 Euro, _____ ist alt, aber sehr schön.

◆ Aha, und was kosten _____ Waschmaschinen?

○ _____ kosten 80, 90 oder 100 Euro.
Hier ist <u>eine</u> Waschmaschine für 80 Euro.

C

C3 **24 Farben**

a Ergänzen Sie die Farben.

1 b l a u

5 ....

2 ....

6 ....

3 ....

7 ....

4 ....

8 ....

b Wie gefallen Ihnen die Möbel? Schreiben Sie Sätze.

1 Die Sessel sind blau. Sie gefallen mir nicht.
2 ....
3 ....
4 ....
5 ....
6 ....
7 ....
8 ....

C3 **25 Sprechen und schreiben**

1 ▶ 30
Phonetik

a Hören Sie die Wörter und sprechen Sie nach. Achten Sie auf *a, e, i*.

gefallen – Bett – Sessel – Teppich – kennen – Zimmer

1 ▶ 31–33 b Hören Sie und schreiben Sie.

1

◆ Wie gefällt dir das ....?

○ Nicht so gut. Es ist ....

◆ Und der ....?

○ Die Farbe ist schön. Und er ist ....

2

○ Das ist mein ....

◆ Es ist schön. Und ....
Der .... mir.

○ Und hier sind das Bad und die ....

◆ Wow! Die .... ist sehr groß.

3

◆ .... du Mario?

○ Nein. Wer ist das?

◆ Das ist Annas ....
Er .... aus Italien.

○ Und wer ist das?

◆ Das ist Annas ....

D2 **26** **Welche Zahlen hören Sie?**

1 ▶ 34   Markieren Sie die Zahlen und ergänzen Sie die Lösung.

S	I	M	G	E	U	B	K	P	E	F	S	N
943	187	98	35	76	178	934	53	262	67	89	226	27

Lösung: S ____ ____ ____ ____

D2 **27** **Hören Sie und schreiben Sie die Zahl.**

1 ▶ 35

a 250   d _____   g _____
b _____   e _____   h _____
c _____   f _____   i _____

D2 **28** **Was macht das zusammen?**

a Rechnen Sie und schreiben Sie.

1

99 Euro ➕ 78 Euro 🟰 177 Euro

2

249 Euro ➕ 120 Euro 🟰 _____

3

135 Euro ➕ 49 Euro ➕ 23 Euro 🟰 _____

b Schreiben Sie Sätze.

1 Die Waschmaschine kostet 99 Euro, der Herd kostet 78 Euro. Das macht
   zusammen 177 Euro.

2 _____

_____

3 _____

_____

D

D4 **29 Wohnungsanzeigen**

a Lesen Sie und kreuzen Sie an: richtig oder falsch?

Wohnungsmarkt

1 **Vermiete Apartment, ca. 30 m²**, möbliert, für 1 Jahr, €320,
Anruf unter 0761/4330915

2 **2-Zi.-Wohnung**, ca. 55 qm, Garten, Küche, €480 warm
Tel. 07633/2164

3 **3-Zi.-Whg**. mit Garage, 84 m², Balkon, nur 700,– €
Kaltmiete, Südbau Immobilien, 07632/485311

4 **Schöne 3-Zi.-Wohnung**, 80 qm, 2 Balkone, Garage,
550,– €, 2 Monatsmieten Kaution, Handynr. 0172/4885632

5 **Von privat: helle 4-Zi.-Wohnung**, schöner Balk.,
800 Euro warm + Kaution, 07668/942630

---

		richtig	falsch
a	Das möblierte Apartment kostet 320 Euro im Monat.	⊠	○
b	Die 84-Quadratmeter-Wohnung hat vier Zimmer.	○	○
c	Die Miete für die 4-Zimmer-Wohnung ist 700 Euro.	○	○
d	Eine 3-Zimmer-Wohnung hat zwei Balkone.	○	○
e	Die 2-Zimmer-Wohnung ist 60 Quadratmeter groß.	○	○

1 ▶ 36 **b** Welche Anzeige aus a passt? Hören Sie und ergänzen Sie.

Anzeige ....

c Lesen Sie die Anzeigen noch einmal und markieren Sie die Abkürzungen. Ordnen Sie dann zu.

● das Zimmer ● der Balkon ● die Wohnung ● die Handynummer circa
● der Quadratmeter ● die Telefonnummer ● der Euro

1	qm	● der Quadratmeter	5	€ ....
2	Handynr.		6	ca. ....
3	Whg.		7	Zi. ....
4	Balk.		8	Tel. ....

D4 **30 Wortakzent**

1 ▶ 37 **a** Hören Sie und markieren Sie die Betonung ____ .

Phonetik

1 wohnen – das Zimmer – das Wohnzimmer – der Wohnraum – das Schlafzimmer

2 der Monat – die Miete – die Monatsmiete – die Kaltmiete

3 die Küche – der Schrank – der Küchenschrank – der Kühlschrank

1 ▶ 38 **b** Hören Sie noch einmal und sprechen Sie nach.

E2 **31** **Ordnen Sie das Gespräch und schreiben Sie.**

○ ○ Es ist 1,20 Meter breit.
○ ◆ Guten Tag, Herr Stolze. Hier ist Langer. Sie verkaufen ein Sofa, richtig?
○ ◆ Schön. Und wie breit ist das Sofa, bitte?
○ ○ Ja, stimmt.
① ○ Adrian Stolze.

○ ○ Gern. Auf Wiederhören.
○ ○ Es ist blau.
④ ◆ Welche Farbe hat es?
○ ◆ Oh, das ist klein. Aber danke für die Information.

○ Adrian Stolze.
◆ ...

E2 **32** **Sie brauchen Möbel.**

a Sehen Sie die Zeichnungen an und notieren Sie: Was brauchen Sie?

1

Im Schlafzimmer:
Bett, 120 cm breit,

2
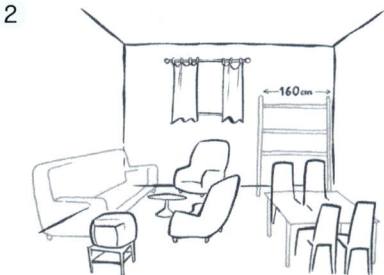

Im Wohnzimmer:

b Welche Anzeigen passen? Lesen Sie und ergänzen Sie.

Anzeigen: 1,

1 **Schrank** braun, H 2,39 m B 2,40 m; € 200 **Bett** 90 x 200; € 90; 07623-3184	4 **Bett** neu, 140 x 200 cm; € 160,-- 0173/4485609
2 **Sofa** schwarz, sehr modern für 60 EUR; Telefon: 33 48 91	5 **Wohnzimmerschrank** H 2 m B 2,80 m; 120 EUR • **Kinderbett** 1,40 m lang; 70 EUR • **2 Sessel** 80 € • 0761 – 557 49 15
3 **Regal** H 1,70 B 1,60; **Schreibtisch** 120 x 80 cm, H 80 cm; Telefon: 0172-2169800	6 Verkaufe **Bett** 1x2 m und **2 Regale** H 1,80 B 0,95. Anruf unter 07665-51614

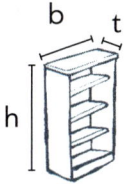

H/h = Höhe/hoch

B/b = Breite/breit

T/t = Tiefe/tief

Test Lektion 4

1 **Wie heißt das Gegenteil? Ergänzen Sie.**

a teuer ↔ _billig_   d breit ↔ _____

b neu ↔ _____   e hell ↔ _____

c schön ↔ _____   f klein ↔ _____

2 **Bilden Sie Wörter und ordnen Sie zu. Ergänzen Sie:**
der – das – die.

mer	~~Kü~~	wan	Schlaf	mer	~~che~~	zim	Schreib	zim
sel	ne	Wohn	tisch	Ses	Bade			

Zimmer: _die Küche,_

_____

Möbel: _____

_____

3 **Ergänzen Sie die Wörter aus 2 wie im Beispiel.**

a _die Küchen_   d _____

b _____   e _____

c _____   f _____

4 **Ergänzen Sie: *er – es – sie*.**

◆ Der Schrank ist sehr schön. Was kostet _er_ (a)?

○ _____ (b) kostet 500 Euro.

◆ Aha. Und was kostet das Regal dort?

○ Nur 50 Euro. _____ (c) ist auch sehr modern.

◆ Die Lampe ist auch sehr schön. Ist _____ (d) teuer?

○ Nein. Sie kostet nur 30 Euro. Wie gefallen Ihnen die Stühle?

◆ Nicht so gut. _____ (e) sind sehr alt.

5 **Ergänzen Sie: *nicht* oder *kein/keine*.**

a Das ist Alia. Sie kommt _nicht_ aus Iran.

b Sie ist _____ verheiratet und hat _____ Kinder.

c Sie hat _____ Haus. Sie hat eine Wohnung.

6 **Verbinden Sie.**

a ◆ Sie verkaufen ein Bett, richtig?   1 ○ 1,40 Meter breit und zwei Meter lang.

b ◆ Welche Farbe hat es?   2 ○ 90 Euro.

c ◆ Und wie groß ist es?   3 ○ Ja, genau.

d ◆ Und was kostet es?   4 ○ Das Bett ist weiß.

A2 **1** Ergänzen Sie.

A  a r b e i t e n

E  f_____ s_____ _____

B  e_____ k_____ f_____

F   _____ st_____ _____

C  _____ p_____ l_____

G   a_____ _____ f_____

D  a_____ _____äu_____ _____

H  k_____ _____ _____

A2 **2** Sofias Tag

a Markieren Sie.

1 Sofia <mark>steht</mark> früh <mark>auf</mark>.
2 Sie <mark>frühstückt</mark> mit Lara und Lili.
3 Sie geht zur Arbeit.
4 Sie arbeitet lange.
5 Sie kauft im Supermarkt ein.
6 Sie räumt die Wohnung auf.
7 Sie isst mit Lara und Lili.
8 Sie sieht ein bisschen fern.

b Ergänzen Sie die Sätze aus a.

1	Sofia	steht	früh	auf.
2	Sie	frühstückt	mit Lara und Lili.	
3				
4				
5				
6				
7				
8				

A

A2 **3** **Schreiben Sie Sätze und markieren Sie.**

a rufe – meine Schwester – an – Ich – .
Ich **rufe** meine Schwester **an**.

b Herr Lehmann – sehr lange – arbeitet – .

c nicht – Ich – frühstücke – .

d das Abendessen – kochen – Wir – .

e sehen – fern – lange – Meine Kinder – .

f Ihr – aber früh – auf – steht – .

A2 **4** **Schreiben Sie Sätze.**

a aufstehen   Mein Mann steht sehr früh auf.
b einkaufen   Ich
c aufräumen
d anrufen
e fernsehen

A2 **5** **Wortakzent und Satzakzent**

1 ▶ 39   a Hören Sie die Wörter und markieren Sie die Betonung: _____ .

Phonetik

frühstücken – arbeiten – kochen – aufstehen – einkaufen – aufräumen – fernsehen

1 ▶ 40   b Hören Sie die Sätze und markieren Sie die Betonung: _____ .

Ich stehe auf.   Ich arbeite.   Ich koche.   Ich sehe fern.
Ich frühstücke.   Ich kaufe ein.   Ich räume auf.

1 ▶ 41   c Hören Sie noch einmal und sprechen Sie nach.

A4 **6** **Schreiben Sie Fragen mit *gern*.**

a ◆ Gehst du gern spazieren?   ○ Ja, ich gehe gern spazieren.
b ◆   ○ Nein, ich koche nicht gern.
c ◆   ○ Nein, ich räume nicht gern auf.
d ◆   ○ Ja, ich sehe gern fern.
e ◆   ○ Ja, ich höre gern Musik.
f ◆   ○ Ja, ich esse gern Reis.
g ◆   ○ Nein, ich kaufe nicht gern ein.
h ◆   ○ Ja, ich arbeite sehr gern.

A4 **7** **Ergänzen Sie in der richtigen Form.**

a **arbeiten**

◆ _Arbeitet_ ihr heute?

○ Ich _____ nicht, aber Fatima _____.
Und du? _____ du?

◆ Nein, heute nicht. Ich habe Deutschkurs.

b **essen**

◆ Was _____ wir heute Abend?

○ Vielleicht Würstchen?

◆ Aber Fatima _____ doch kein Fleisch.

○ Na und? Du _____ gern Würstchen, ich _____
gern Würstchen. Für Fatima kochen wir Reis mit Joghurt.

A4 **8** _gern_ oder _nicht gern_?

a Was machen die Personen gern? Was machen sie nicht gern? Schreiben Sie.

1 ☺ früh aufstehen, arbeiten, Deutsch lernen
Omar steht gern früh auf.
_____

☹ die Wohnung aufräumen, spazieren gehen
Er räumt nicht gern
_____

Omar

2 ☺ lange frühstücken, einkaufen, kochen
Mailin
_____

☹ Fleisch essen, fernsehen
Sie
_____

Mailin

b Und was machen Sie gern? Was machen Sie nicht gern? Schreiben Sie sechs Sätze.

☺ _Ich höre gern Musik._
☺ _____
☺ _____
☺ _____
☹ _____
☹ _____
☹ _____

B Wie spät ist es jetzt?

B1 **9** Ergänzen Sie: *vor – nach.*

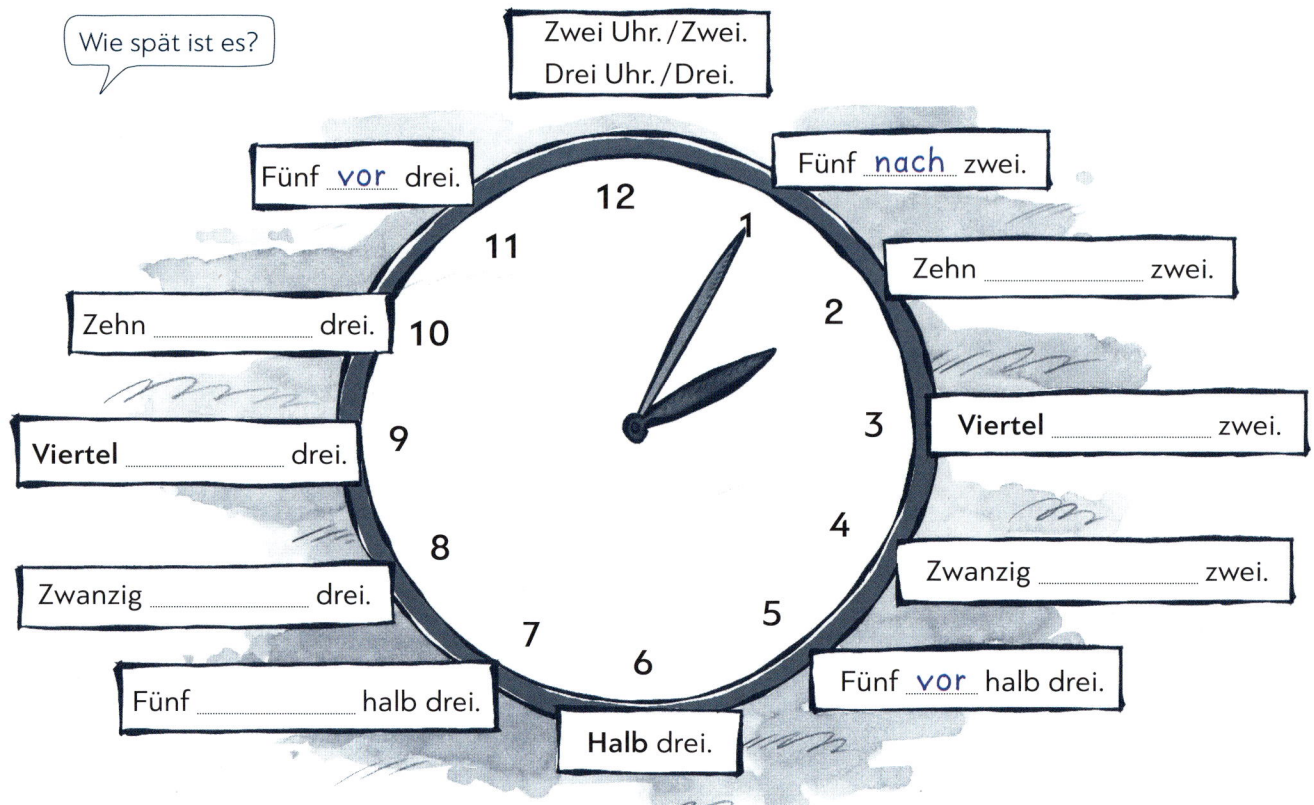

Wie spät ist es?

Zwei Uhr. / Zwei.
Drei Uhr. / Drei.

Fünf _vor_ drei.

Fünf _nach_ zwei.

Zehn _____ zwei.

Zehn _____ drei.

Viertel _____ drei.

Viertel _____ zwei.

Zwanzig _____ drei.

Zwanzig _____ zwei.

Fünf _____ halb drei.

Fünf _vor_ halb drei.

Halb drei.

B1 **10** Ordnen Sie zu.

a halb vier   b Viertel vor zehn   ~~c zwanzig nach zehn~~   d fünf nach halb acht
e Viertel nach zwei   f fünf nach drei   g zehn vor neun   h fünf vor halb vier
i zwanzig vor drei

ⓒ `10:20`   ◯ `02:40`   ◯ `15:25`

◯ `19:35`   ◯ `03:05`   ◯ `09:45`

◯ `15:30`   ◯ `14:15`   ◯ `08:50`

B2 **11** Schreiben Sie die Uhrzeit.

a 02.30 / 14.30   halb drei
b 05.45 / 17.45   Viertel vor
c 07.20 / 19.20   ....
d 09.10 / 21.10   ....
e 07.40 / 19.40   ....
f 11.15 / 23.15   ....
g 00.05 / 12.05   ....
h 04.25 / 16.25   ....

C1 **12** **Ergänzen Sie die Wochentage.**

a S o n n tag
b D_____ s_____ _____
c _____ ei_____ _____
d M_____ _____ _____
e D_____ n_____ s_____ _____
f _____ _____ w_____ ch
g _____ a_____ t_____ _____

> Samstag: in Norddeutschland auch Sonnabend

C3 **13** **Ordnen Sie zu.**

Am ~~am~~ am bis Um Um um von

a

◆ Frühstücken wir _am_ Sonntag zusammen?
○ Ja, gern, aber ich stehe früh auf.
◆ Wann?
○ _____ acht Uhr.
◆ Was? _____ Sonntag möchte ich nicht
_____ acht frühstücken.

b

◆ Was machst du _____ Donnerstag?
○ Ich habe _____ neun _____
zwölf Uhr Deutschkurs.
◆ Gehen wir spazieren?
○ Ja, gern. Wann?
◆ _____ zwei.

C3 **14** **Ergänzen Sie.**

A
Hallo Jonas, hast du _am_ Samstag Zeit?
_____ 3 Uhr kommen Ismael und
Sarah. Kommst du auch?   14:17 ✓✓

B
Hallo Farhad, _____ Samstag arbeite ich
_____ 12 _____ 21 Uhr. Aber _____
Sonntag habe ich Zeit. Du auch? Essen wir
zusammen? Ich koche.   14:29 ✓✓

C4 **15** **Ordnen Sie zu.**

Von wann bis wann ~~Wann~~ Wann Um wie viel Wie spät ist es

a ◆ _Wann_ fängt die Party an?
b ◆ _____ arbeitest du?
c ◆ _____, bitte?
d ◆ _____ hast du
   Deutschkurs?
e ◆ _____ Uhr gehen
   wir spazieren?

○ Um acht.
○ Von sechs Uhr bis 14 Uhr.
○ Zehn nach drei.
○ Am Montag und
  am Mittwoch.
○ Um fünf.

C

C4 **16** **Ergänzen Sie in der richtigen Form.**

a ◆ Wann _fängt_ der Kurs _an_ (anfangen)? ○ Um acht.
b ◆ He, Lisa, _____ (schlafen) du schon? ○ Nein.
c ◆ Wann _____ (spielen) ihr Fußball? ○ Von 17 bis 19 Uhr.
d ◆ _____ wir zusammen _____ (fernsehen)? ○ Ja.
e ◆ _____ die Kurse am Montag ○ Nein, am Dienstag.
   _____ (anfangen)?
f ◆ Bis wann _____ Sie am Wochenende (schlafen)? ○ Bis elf.
g ◆ Ihr _____ (arbeiten) von sechs bis zwölf Uhr, oder? ○ Nein, von sieben bis eins.

C4 **17** **Eine Woche mit Familie Reinhardt**

a Was macht Familie Reinhardt von Montag bis Freitag? Ergänzen Sie.

1
Frau Reinhardt _arbeitet_ am Computer.

2
Herr Reinhardt _____.

3
Oma _____ die Küche _____.

4
Opa _____ _____
und _____ Schokolade.

5
Leo _____ mit Mäxchen _____.

6
Sina _____ Englisch.

b Jetzt ist Wochenende. Schreiben Sie die Sätze aus a mit *nicht*.

1 Frau Reinhardt *arbeitet heute nicht am Computer.*

2 Herr Reinhardt _____

3 Oma _____

4 Opa _____ und isst
keine _____

5 Leo _____ mit
Mäxchen _____

6 Sina _____ Englisch.

C4 **18** **Meine Woche**

a Was machen Sie von Montag bis Freitag? Schreiben Sie fünf Sätze.

Ich _____
Ich _____
Ich _____
Ich _____
Ich _____

b Und was machen Sie am Wochenende? Schreiben Sie fünf Sätze.

Ich _____
Ich _____
Ich _____
Ich _____
Ich _____

c Sprechen Sie mit Ihrer Partnerin / Ihrem Partner.

Was machst du von Montag bis Freitag?

Ich gehe in den Deutschkurs. Und du?

D Tageszeiten

D1 **19** Ergänzen Sie die Tageszeiten.

A

B

C

_____

_____

_____

D

E

F

am Abend

_____

_____

D2 **20** Alex' Tag

a Wie heißen die Wörter? Ergänzen Sie.

1 stückenfrüh   frühstücken
2 feeKaf kentrin   _____
3 zierenspa henge   _____
4 zaPiz senes   _____
5 portS chenma   _____
6 tenchat   _____
7 sikMu renhö   _____

b Ergänzen Sie die Wörter aus a in der richtigen Form.

Alex steht um sechs Uhr auf. Er frühstückt (1) nicht,
aber er trinkt _____ (2). Er arbeitet von
sieben bis halb zwölf. Von halb zwölf bis halb eins macht
er Pause. Er _____ (3) und
_____ (4).
Am Abend _____ Alex gern _____ (5):
Fußball spielen ... Oder er _____ (6)
mit Sergio und Efia und _____ (7).
Alex geht erst um elf Uhr in der Nacht ins Bett.

D3 21 Fatimas Tag

a Lesen Sie und markieren Sie.

Fatima steht am Morgen früh auf. Um acht Uhr hat sie Deutschkurs. Sie lernt am Vormittag Deutsch. Am Mittag macht sie eine Pause. Sie hört am Nachmittag Musik. Dann ruft sie die Familie an. Fatima geht um elf Uhr ins Bett.

b Ergänzen Sie die Sätze aus a.

1	Fatima	steht	am Morgen früh	auf.
2	Um acht Uhr	hat	sie	
3				
4				
5				
6				
7				

D4 22 Schreiben Sie die Sätze neu.

a Anna steht <u>von Montag bis Freitag</u> um sieben Uhr auf.
   Von Montag bis Freitag steht Anna um sieben Uhr auf.

b Sie hat <u>am Vormittag</u> Deutschkurs.
   Am Vormittag

c Sie kauft <u>am Nachmittag</u> ein.
   Am Nachmittag

d Sie räumt <u>dann</u> die Wohnung auf.
   Dann

e Sie sieht <u>am Abend</u> noch ein bisschen fern.
   Am Abend

f Anna steht <u>am Wochenende</u> auch früh auf.

g Sie arbeitet <u>am Samstag</u> im Supermarkt.

h Sie trinkt <u>um vier Uhr</u> Kaffee.

i Sie geht <u>am Abend</u> ins Kino.

j Sie schläft <u>erst spät</u>.

E Öffnungszeiten

E1 **23 Was ist richtig? Umkreisen Sie.**

A  (neun Uhr dreißig)
dreißig nach neun

D  dreizehn Uhr
eins Uhr

B  achtzehn Uhr drei
drei Uhr sechs

E  zehn Uhr zwanzig
zwanzig Uhr fünfzig

C  fünfunddreißig nach fünfzehn
fünfzehn Uhr fünfunddreißig

F  Viertel vor elf
elf Uhr fünfzehn

E2 **24 Ergänzen Sie.**

A `08:10`

nicht-offiziell: *zehn nach acht*
offiziell: *acht Uhr zehn*

B `20:15`

nicht-offiziell: ....
offiziell: ....

C `04:30`

nicht-offiziell: ....
offiziell: ....

D `16:20`

nicht-offiziell: ....
offiziell: ....

E `11:25`

nicht-offiziell: ....
offiziell: ....

F `21:57`

nicht-offiziell: ....
offiziell: ....

E2 25 Ordnen Sie zu.

~~Geschäft~~ Praxis Sonntag Uhr geöffnet geschlossen

A

Hannis _Geschäft_ für alte und schöne
Möbel ist jetzt auch am Samstag
_____ : 9 – 12.30 _____

C

Dr. med. Joachim Sailer

_____ für Sportmedizin

Am Schlosspark 1
23927 Neuburg

Termin unter 038 426/123

B

Restaurant „Linde"

Dienstag bis _____ : 12 – 23 Uhr

Montag: _____

E3 26 Was ist richtig? Hören Sie und kreuzen Sie an.

1 ▶ 42–44

**Prüfung
Hören,
Teil 3**

Sie hören jeden Text zweimal.

1 Wie sind die Öffnungszeiten?
　○ Montag bis Freitag, 8 bis 17.30 Uhr.
　○ Montag bis Freitag, 8 bis 13 Uhr.
　○ Montag bis Samstag, 8 bis 13 Uhr.

2 Wann kommt der Film „Wir sind die Neuen"?
　○ Um 15.30 Uhr und um 18 Uhr.
　○ Um 18.30 Uhr und um 20.30 Uhr.
　○ Um 18.15 Uhr und um 20 Uhr.

3 Wann spielt Felix Fußball?
　○ Am Samstag um 14 Uhr.
　○ Am Samstag um 14.30 Uhr.
　○ Am Abend.

E3 27 Sprechen und schreiben

1 ▶ 45

Phonetik

a Hören Sie und sprechen Sie nach.

a am Abend – zwanzig Jahre – Ehepaar
e Tee trinken – um zehn – lesen
i am Dienstag – Kino – ihr spielt – du siehst fern
o am Montag – Wohnung – schon
u um sieben Uhr – Fußball – Supermarkt
ä spät – schläft
ö Musik hören – meine Söhne
ü früh – müde

Aaaaaa

b Ergänzen Sie.

1 Am Abend trinke ich T_____.
2 Sp_____lt_____r gern F_____ßball?
3 Es ist sch_____n sp_____t. Ich bin m_____de.
4 Am D_____nstag gehe ich ins K_____no.
5 Ich l_____se gern, du s_____st gern fern.
6 Um sieben _____r? Das ist zu fr_____!

1 ▶ 46

c Hören Sie und vergleichen Sie mit b. Sprechen Sie nach.

Test Lektion 5

1 Ordnen Sie zu.

der Abend   ~~der Morgen~~   der Mittag   die Nacht

a 5–9 Uhr   _der Morgen_
b 12–13 Uhr _____
c 17–22 Uhr _____
d 22–5 Uhr   _____

Wörter

_____ / 3 Punkte

2 Verbinden Sie.

a 11.45 Uhr   1 halb acht
b 13.20 Uhr   2 zwanzig vor eins
c 19.30 Uhr   3 Viertel vor zwölf
d 10.55 Uhr   4 dreizehn Uhr zwanzig
e 12.40 Uhr   5 dreiundzwanzig Uhr fünf
f 23.05 Uhr   6 fünf vor elf

_____ / 5 Punkte

● 0–4
● 5–6
● 7–8

3 Ergänzen Sie in der richtigen Form.

a Paul _steht_ um halb acht _auf_ (aufstehen).
b Er _____ (frühstücken) und _____
   die Küche _____ (aufräumen).
c Er geht zur Arbeit und _____ (arbeiten)
   bis 11.30 Uhr.
d Am Mittag _____ (essen) er zu Hause und
   dann _____ (schlafen) er ein bisschen.

Grammatik

_____ / 5 Punkte

4 Ergänzen Sie: am – um – von – bis.

a ◆ Wann hast du Zeit?   ○ _Um_ zwölf.
b ◆ Wann machst du Pause?   ○ _____ zwölf _____ eins.
c ◆ Arbeitest du heute lange?   ○ Nein, nur _____
                                    13 _____ 15 Uhr.
d ◆ Wann chatten wir?   ○ _____ Freitag, okay?
e ◆ Wann kommst du?   ○ _____ Abend.
                                    _____ sieben, okay?

_____ / 7 Punkte

● 0–6
● 7–9
● 10–12

5 Ordnen Sie das Gespräch.

○ ◆ Ja, klar. Wann fängt die Party an?
① ○ Hallo, Yusuf. Was machst du am Freitag?
○ ○ Hast du am Abend Zeit? Ich mache eine Party.
○ ◆ Ich arbeite von 7 Uhr bis 12.30 Uhr.
○ ◆ Okay. Ich komme gern.
○ ○ Um halb acht.

Kommunikation

_____ / 5 Punkte

● 0–2
● 3
● 4–5

A1 **1** **Wie ist das Wetter?**

1 ▶ 47 **a** Hören Sie und schreiben Sie.

1 Es _regnet_ .

2 Die _____ .

3 Es _____ .

4 Es _____ .

b Zeichnen Sie das Wetter in a.

A2 **2** **Wie ist das Wetter in Hamburg, München, Köln, Dresden?**

a Sehen Sie die Karte an und ergänzen Sie.

1 _Hamburg:_ Die Sonne scheint, es ist kalt. Es sind fünf Grad unter Null.

2 _____ Es ist bewölkt. Es sind plus fünf Grad.

3 _____ Es regnet. Es sind sechs Grad.

4 _____ Es schneit.

b Ergänzen Sie.

1 Wo ist Hamburg? Im _Norden_ .

2 Wo ist München? Im _____ .

3 Wo ist Köln? Im _____ .

4 Wo ist Dresden? Im _____ .

5 Wo regnet es? In _Köln_ und

in _____ .

6 Wo scheint die Sonne? In _____ .

Berlin
Hamburg -5°
Düsseldorf
Köln 6°
Dresden 5°
Frankfurt
Heidelberg
Stuttgart
München -1°

A2 **3** **Ordnen Sie zu.**

bewölkt Grad kalt minus regnet scheint schön schneit Sonne steigen

warm ~~Wetter~~ Wetter windig

a

◆ Heute ist das _Wetter_ super. Die _____ und

es ist sehr _____ .

○ Stimmt. Aber es ist sehr _____ .

b

◆ Brrr! Es ist sehr _____ heute.

○ Ja, _____ zwei Grad. Oh! Jetzt _____ es.

c

◆ Wie ist das _____ ?

○ Nicht so _____ . Es sind nur zehn _____ und es ist _____ .

d

◆ Regen, Regen, Regen!

○ Aber morgen _____ es nicht und die Temperaturen _____ .

A

A3 **4** Ordnen Sie zu.

Montag ~~Osten~~ Deutschland drei Uhr München Sommer Vormittag
der Nacht Frühling Abend halb sieben der Türkei Herbst Westen

im Osten, _____

am _____

um _____

in _____

A3 **5** Grüße aus dem Urlaub: Schreiben Sie mit diesen Wörtern.

wir – eine Woche – Italien   Wetter – ☺

heiß – 35 Grad   alles – sehr schön

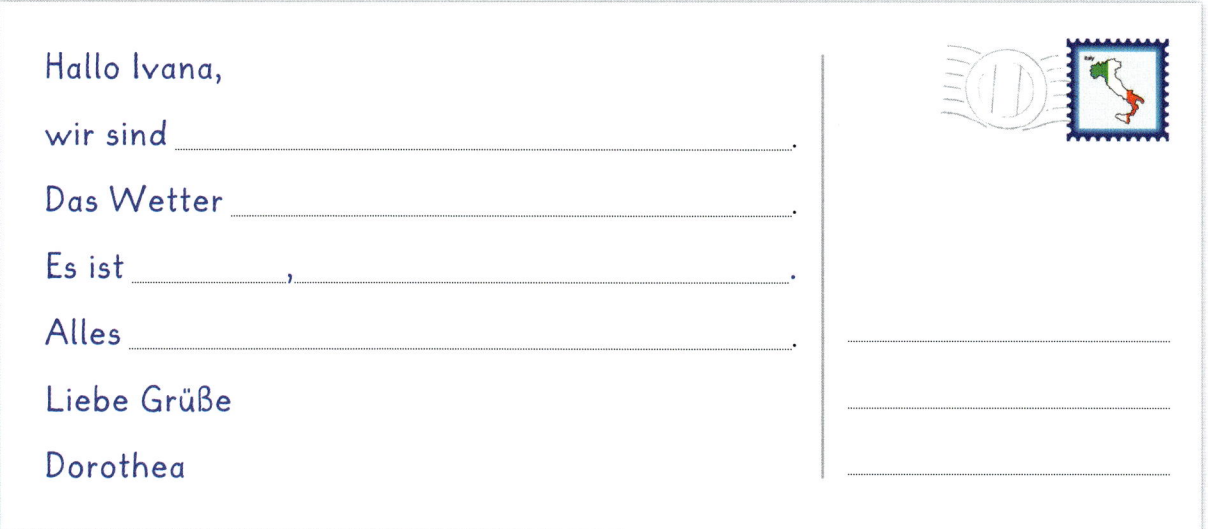

Hallo Ivana,

wir sind _____ .

Das Wetter _____ .

Es ist _____ , _____ .

Alles _____ .

Liebe Grüße

Dorothea

A3 **6** Hören Sie die Wetterberichte im Radio. Was ist richtig? Umkreisen Sie.

1 ▶ 48–50

   a Am Nachmittag ist das Wetter (gut) schlecht.

   b Im Süden Norden ist es heute bewölkt.

   c Am Wochenende schneit es. ist es nicht kalt.

A3 **7** Ergänzen Sie.

A • die Sonne

B • der _____

C • der _____

D • der _____

E • die _____

B2 **8** **Satzakzent**

1 ▶ 51
Phonetik

a Hören Sie und markieren Sie die Betonung: ____.

- ◆ Nina, hast du den <u>Zucker</u>?
- ○ Nein, den <u>Zucker</u> habe ich <u>nicht</u>, aber das <u>Salz</u>.
- ◆ Hast du die Eier?
- ○ Nein, die Eier habe ich nicht, aber das Mehl.
- ◆ Hast du das Brot?
- ○ Nein, das Brot habe ich nicht, aber die Brötchen.

1 ▶ 52 **b** Hören Sie noch einmal und sprechen Sie nach.

B2 **9** **Geburtstagsparty: Wer macht was? Schreiben Sie.**

meine Mutter – ● Kuchen   Robert – ● Kaffee, ● Milch, ● Obst   ich – ● Wein, ● Apfelsaft
meine Mutter – ● Kartoffelsalat   du – ● Brot, ● Wurst, ● Käse

Was brauchen wir?

Wer macht was? Wer kauft was?

<u>Meine Mutter macht den Kuchen, Robert kauft</u>

B3 **10** **Ergänzen Sie: *ein – eine – einen*.**

- ◆ Was hast du für das Picknick?
- ○ _____ Brot, _____ Kuchen, zwei Birnen und *eine* Milch.
- ◆ Ich habe zwei Brote. Hier hast du _____ Brot.
  Ich möchte gern _____ Birne.
- ○ Hast du _____ Flasche Wasser?
- ◆ Nein, ich habe nur Apfelsaft. Und Joghurt!
  Möchtest du _____ Joghurt?
- ○ Ja, gern.

B

B3 **11** **Was ist richtig? Umkreisen Sie.**

a

◆ Was möchten Sie zum Frühstück?

○ Ich möchte gern (ein) — Ei, einen ein Saft,
ein eine Brötchen und einen eine Joghurt.

◆ Möchten Sie auch ein einen Kaffee?

○ Nein, danke. Ich möchte kein keinen Kaffee.

b

○ Entschuldigung! Ein Das Brötchen ist alt.
Und ein der Joghurt ist nicht gut.

◆ Oh, tut mir leid. Ich bringe noch ein das Brötchen.
Aber wir haben kein keinen Joghurt.

○ So? Haben Sie ein — Salz für das Ei?

◆ Natürlich. Ich bringe — das Salz.

B3 **12** **Ergänzen Sie: *eine – einen – die – den – keine* oder — .**

a

◆ Was brauchen wir?

○ Wir brauchen —— Brötchen, _____ Flasche Wasser
und _____ Flasche Saft und _____ Obst, oder?

◆ Ja, ich möchte _____ Apfel. Haben wir
noch _____ Äpfel?

○ Wir haben nur noch _____ Apfel ... und
zwei _____ Bananen.

b

○ Ah! So ein Ausflug ist schön. Ich möchte jetzt _____
Tomate. Wo sind denn _____ Tomaten?

◆ Tut mir leid, aber wir haben _____ Tomaten.

○ Dann esse ich _den_ Apfel hier. Möchtest du dann
_____ Banane?

B3 **13** **Ergänzen Sie.**

a Ich habe _eine_ Tochter und _____
Sohn. Aber ich habe k_____ Enkelkind.

b Ich bin nicht verheiratet. Ich habe k_____ Frau.
Und ich habe auch k_____ Schwester und
k_____ Bruder. Aber ich habe _____
guten Freund!

B3 **14** Ordnen Sie zu.

das   Das   Die   den   ein   ein   ein   ein   ein   ~~eine~~   eine   einen   einen

keine   keinen

E-Mail senden

Liebe Sabrina,

endlich habe ich _eine_ Wohnung! Sie hat _____ Wohnzimmer,

_____ Schlafzimmer, _____ Küche und _____ Bad. _____

Küche ist sehr klein. Möbel habe ich auch schon: _____ Tisch, zwei Stühle,

_____ Sofa, _____ Schrank und _____ Bett. _____ Sofa ist

sehr alt – es ist von Oma – _____ Schrank und _____ Bett habe ich von

Elli und Paul.

Aber ich habe noch _____ Lampe und _____ Fernseher ☹. Und ich

brauche vier Stühle. Ich mache am Freitag eine Party. Kommst Du auch?

Elena

B3 **15** *mein* oder *dein*?

a Ordnen Sie zu.

mein   meine   meine   ~~meinen~~   dein   Deine   deinen

1

◆ Du, Paula, ich verkaufe **meinen** Schrank und

_____ Waschmaschine. Was brauchst du?

○ _____ Waschmaschine brauche ich nicht.

Aber ich kaufe _____ Schrank. Er ist super!

2

◆ Räumst du bitte _____ Zimmer auf?

○ Ich esse jetzt _____ Brötchen und

mache _____ Hausaufgaben.

b Markieren Sie in a und ergänzen Sie die Tabelle.

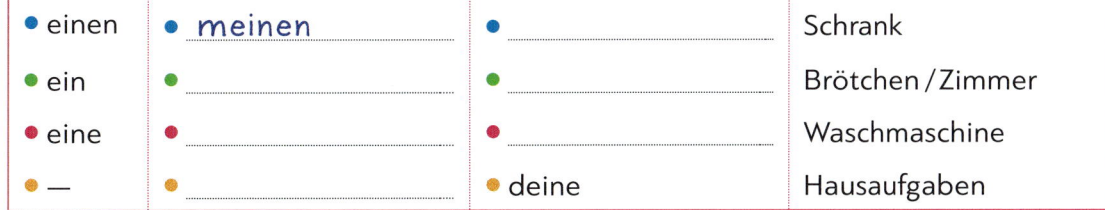

● einen	● _meinen_	● _____	Schrank
● ein	● _____	● _____	Brötchen / Zimmer
● eine	● _____	● _____	Waschmaschine
● —	● _____	● deine	Hausaufgaben

B

B3 **16 Ergänzen Sie in der richtigen Form oder mit —.**

a ◆ Hi, Sandy, was machst du?   ○ Ich koche mein —— Abendessen.

b ◆ Kennt ihr mein_____ Bruder?   ○ Nein. Wie heißt dein_____ Bruder?

c ◆ Ich mag dein_____ Wohnung.   ○ Oh, danke. Ich finde mein_____
Sie ist schön.   Wohnung auch schön.

d ◆ Am Wochenende rufe ich immer   ○ Wo wohnen dein_____ Eltern?
mein_____ Eltern an.

B3 **17 Lesen Sie die Nachrichten. Sind die Sätze a–e richtig oder falsch?**

Prüfung
Lesen,
Teil 1
Kreuzen Sie an.

> Hallo Leute, ich mache eine Party. Ich habe eine neue Wohnung!
> Wir feiern am Freitagabend.
> Beginn: 19 Uhr
> Meine Adresse: Hauptstraße 5, Pfaffendorf
> Wer macht einen Kuchen oder einen Salat? Und wer hat einen Stuhl?
> Elena

a   Elena hat Geburtstag.   ○ richtig   ○ falsch

b   Die Party ist am Freitag.   ○ richtig   ○ falsch

> Hallo Elena, vielen Dank. Ich komme gern. Aber ich habe
> am Freitag bis 21.30 Uhr einen Kurs. Dann komme ich. Für
> einen Kuchen oder einen Salat habe ich keine Zeit, tut mir
> leid. Aber ich habe zwei Gartenstühle.
> Sina

c   Sina kommt zur Party.   ○ richtig   ○ falsch

d   Sie macht einen Kuchen.   ○ richtig   ○ falsch

e   Sie hat keinen Stuhl.   ○ richtig   ○ falsch

B3 **18 Ergänzen Sie: h – ch – sch.**

> Hallo! Am Wo_____enende ist das Wetter _____ön. Sonnig und
> windig. Ein biss_____en Wind ist angenehm, finde ich.
> Ma_____en wir einen Ausflug? Mit Picknick? Ich ma_____e einen
> Salat und bringe _____inken und Würst_____en mit. Wer bringt
> Getränke mit? Wer _____at eine Gitarre? _____reibt eine
> Na_____ri_____t.
> Alissa

> Ein Picknick – super! I_____ _____abe jetzt
> _____on _____unger! ☺ Ich komme und bringe
> einen Ku_____en mit. Ernest

C2 19 Verbinden Sie.

a ◆ Möchtest du Saft?
b ◆ Hast du keinen Durst?
c ◆ Nimmst du den Fisch?
d ◆ Oh ja! Die Pizza ist hier sehr gut!
e ◆ Möchtest du einen Kaffee?
f ◆ Nimmst du keinen Zucker?

1 ○ Ja, stimmt.
2 ○ Nein, danke. Ich habe keinen Durst.
3 ○ Ja, gern. Mit Milch und Zucker, bitte.
4 ○ Doch, ich nehme Zucker, aber keine Milch.
5 ○ Nein, ich glaube, ich esse Pizza.
6 ○ Doch. Ich habe Durst und ich habe Hunger.

C2 20 Ergänzen Sie: *Ja – Nein – Doch*.

◆ Sag mal, ist der Kuchen nicht gut?
○ _Doch_, er ist sehr gut.
◆ Ist der Kaffee schon kalt?
○ _____, er ist noch sehr warm.
Hast du Zucker und Milch?
◆ _____, hier bitte.
○ Kommt Marion nicht?
◆ _____, aber sie kommt erst spät.
○ Arbeitet sie heute?
◆ _____, sie arbeitet bis 17.00 Uhr.

C2 21 Gespräch über Uli Groß
Schreiben Sie die Fragen mit *nicht*.

a ◆ _Ist das nicht Uli Groß_ ?
○ Doch. Das ist Uli Groß.

b ◆ _____ ?
○ Nein. Er wohnt nicht in Köln.

c ◆ _____ ?
○ Nein, er ist nicht verheiratet.

d ◆ _____ ?
○ Doch, er arbeitet hier.

e ◆ _____ ?
○ Nein, er ist nicht Fußballspieler.

C2 22 Ergänzen Sie *nehmen* in der richtigen Form.

a _Nehmen_ Sie Milch und Zucker in den Kaffee?
b Wir brauchen Brot. Was _____ wir: ein Weißbrot oder ein Schwarzbrot?
c Ich möchte bitte Pommes mit Ketchup und ich _____ eine Cola.
d Ihr _____ noch Apfelkuchen, oder?
e Cindy _____ den Hamburger. _____ du auch
   den Hamburger, Flori?

D Freizeit und Hobbys

D2 **23 Am Sonntag**

  a Markieren Sie noch neun Wörter und ordnen Sie zu.

WANDTELEFONIERENGRISCHREIBFAHRENESSESPIELEN
GEGRILLENFGBTANZENASCHWIMMENREIWKWANDERNO
HÖRENDBHUFAHSPAZIERENGEHENWABJOQFERSPIELEN

1 _____

2 _____

3 Fußball _spielen_

4 _____

5 Gitarre _____

6 _____

7 _____

8 _____

9 Fahrrad _____

10 Musik _____

  b Wer macht was? Ergänzen Sie in der richtigen Form.

  1 Ein Mann _schwimmt_ .

  2 Eine Familie _____ .

  3 Kinder _____ .

  4 Zwei Freunde _____ .

  5 Ein Mann _____ .

  6 Zwei Frauen _____ .

  7 Eine Frau und ein Mann _____ .

  8 Ein Mann _____ .

  9 Ein Kind _____ .

  10 Ein Mann _____ .

D3 24 Was ist richtig? Umkreisen Sie.

a Mein Hobby ist (Gitarre spielen.) spiele ich Gitarre.

b Ich finde Musik gern. interessant.

c Im Sommer finde ich Grillen sehr. grille ich gern.

d Tanzen macht Spaß. finde ich nicht.

e Was sind deine Spaß? Hobbys?

D3 25 *Finden*: Welche Bedeutung passt: *A* oder *B*? Ordnen Sie zu.

A

B

Klara findet Hunde super.   Said findet seinen Fußball nicht.

1 Ⓑ Ich finde mein Fahrrad nicht.
2 ◯ Herr Bilaniuk findet Lesen gut.
3 ◯ Wie findest du das Wetter heute?
4 ◯ Entschuldigung, wo finde ich Eis?
5 ◯ Ich finde Wandern gut.
6 ◯ Tim findet die Dose.

D3 26 Ordnen Sie zu und ergänzen Sie.

● das Lieblingsbuch ● ~~der Lieblingsfilm~~ ● die Lieblingsfarbe
● das Lieblingsessen ● die Lieblingsmusik ● das Lieblingsgetränk

a Ich sehe sehr gern *Avatar*.
   Mein Lieblingsfilm ist *Avatar*.

b Ich finde Blau schön.
   Meine _____ ist _____.

c Ich esse sehr gern Pizza.

   _____.

d Ich lese sehr gern *Harry Potter*.

   _____.

e Ich höre sehr gern Rockmusik.

   _____.

f Ich trinke gern Cola.

   _____.

D

D3 **27** **Was ist richtig? Hören Sie und umkreisen Sie.**

1 ▶ 53–55

    a Laura | liest gern Texte. | schreibt selbst Texte. |

    b Kai | ist viel am Computer. | findet Sport super. |

    c Fatima | tanzt gern. | spielt Gitarre. |

D3 **28** **Ordnen Sie zu.**

ist wichtig | ~~Vielleicht~~ | Ganz einfach | kein Problem | das geht ganz schnell

leider | Oh, wie dumm | Das macht Spaß

    a ◆ Wir gehen schwimmen. Kommst du auch?

       ○ Ich weiß nicht. _Vielleicht_ .

    b ◆ Besuchst du oft deine Familie?

       ○ Ja. Meine Familie _____ .

    c ◆ Warum hast du so viele Bücher?

       ○ _____ : Ich liebe Bücher!

    d ◆ Das Wetter ist gut. Machen wir einen Ausflug?

       ○ Ich habe _____ keine Zeit.

    e ◆ Von Montag bis Freitag und am Wochenende – immer spielst du Fußball.

       ○ Ja, natürlich. _____ .

    f ◆ Machen wir Pfannkuchen?

       ○ Der Film fängt an. Wir haben keine Zeit.

       ◆ Doch! Pfannkuchen machen – _____ .

       ○ _____ ! Wir haben kein Mehl mehr.

       ◆ Das ist _____ . Ich kaufe schnell ein.

D3 **29** **Wörter mit -*en* hören und schreiben.**

1 ▶ 56   **a** Hören Sie und schreiben Sie.

Phonetik

    Wolk _en_ – fotografier_____ – gefall_____ – mach_____ –

    spiel_____ – kein_____ – komm_____ – anfang_____

1 ▶ 57   **b** Hören Sie noch einmal und sprechen Sie nach.

1 ▶ 58–60   **c** Hören Sie und schreiben Sie.

    1 ◆ _Fotografieren_ Sie gern?

        ○ Ja. _____ mir besonders gut. Und _____ .

          Dann gehe ich _____ und fotografiere die _____ .

    2 ◆ Was _____ Sie gern?

        ○ Fußball _____ . _____ Sie mit? Wir _____ an.

    3 ◆ Möchtest du _____ Salat mit _____ ? Oh, tut mir leid.

          Wir _____ mehr.

        ○ Kein Problem. Wir _____ den Salat mit Ei.

D4 **30** Im Deutschlerner-Chat: Ergänzen Sie in der richtigen Form.

Moderatorin:	Heute ist das Chat-Thema „Freizeit". Ich fange mal an.
	Ich _fahre_ (fahren) in meiner Freizeit gern Fahrrad.
Chiara01:	Du _____ (fahren) gern Fahrrad? Ich nicht.
Halil_M:	Warum nicht? Fahrradfahren ist super – und Fußball. Aber ich
	lese auch gern.
Moderatorin:	_____ (lesen) du viel, Halil?
Halil_M:	Ja, sehr viel. Besonders Krimis.
Moderatorin:	Wer _____ (lesen) auch gern?
Jaime:	Ich!
Moderatorin:	Gut, Jaime und Halil, ihr _____ (lesen) gern.
	_____ (treffen) ihr auch gern Freunde?
Jaime:	☺
Halil_M:	Ja.
Moderatorin:	Und du, Chiara? _____ (treffen) du gern deine
	Freunde?
Moderatorin:	Chiara? Bist du noch da?
Moderatorin:	_____ (schlafen) du?
Moderatorin:	Huhu, Chiara!

D4 **31** Was macht Pawel gern in der Freizeit?
Schreiben Sie.

Hobbys: Kochen und Lesen   Lieblingsbuch: Das Parfüm   Fußball spielen

gern Computer spielen und ins Kino gehen   Speisekarten sammeln

Pawel

Ich bin gern zu Hause. _Meine Hobbys_

_____

Ich _____

Und ich _____

und _____

Und: _____

Test Lektion 6

1 Bilden Sie Wörter und ordnen Sie zu.

Wetter und Jahreszeiten:

regnen,

Freizeit:

Fahrrad,

2 Ergänzen Sie in der richtigen Form oder mit –.

a Wir möchten Eis, aber wir haben kein — Eis.

b Wir haben leider auch kein_____ Kuchen und
   kein_____ Schokolade.

c Wir essen ein_____ Pizza und ein_____ Salat mit Ei.

d Aber Marie möchte lieber ein_____ Brot mit Schinken.

3 Ergänzen Sie: der – den – im.

a Ich finde _____ Sommer schön. _____ Sommer ist es warm.

b Mir gefällt der Norden. _____ Norden ist es windig.

c _____ Herbst gefällt mir. _____ Herbst gibt es viele Farben.

4 Ergänzen Sie: Ja – Nein – Doch.

a ◆ Hast du einen Hund? ☹ ○ Nein .

b ◆ Gefällt dir das Wetter nicht? ☺ ○ _____.

c ◆ Nimmst du noch Saft? ☺ ○ _____.

d ◆ Trinkst du nicht auch gern Kaffee? ☹ ○ _____.

5 Verbinden Sie.

a ◆ Was ist dein Lieblingsspiel?   1 ○ Fotografieren und
b ◆ Was sind deine Hobbys?   Wandern.
c ◆ Magst du Regen?   2 ○ Er ist schön.
d ◆ Was machst du gern im   3 ○ Im Sommer fahre
     Sommer?   ich gern Fahrrad.
e ◆ Wie findest du den Sommer   4 ○ Ich habe kein
     in Deutschland?   Lieblingsspiel.
                                           5 ○ Nein.

A2 **1 Ich habe Bauchschmerzen.**

a Markieren Sie die Formen von *können*.

◆ Marvin, <mark>kannst du</mark> bitte Ella wecken?

○ Ja, gut. ... Ella! Aufstehen!

▲ Ich glaube, ich kann nicht aufstehen.
Ich habe Bauchschmerzen.

...

◆ Könnt ihr bitte kommen? Das Frühstück ist fertig.

○ Mama, Ella sagt, sie kann nicht aufstehen.
Sie hat Bauchschmerzen.

◆ Oje. Wir können Dr. Möller erst um acht Uhr anrufen.
Die Praxis ist noch geschlossen.

b Ergänzen Sie die Tabelle mit den Wörtern aus a.

ich	_____	wir	_____
du	*kannst*	ihr	_____
er/es/sie	_____	sie/Sie	können

A2 **2 Ergänzen Sie *können* in der richtigen Form.**

a

◆ Guten Tag, hier spricht Schiller. *Kann* ich bitte Frau Löffler sprechen?

○ Einen Moment, bitte.

▲ Löffler.

◆ Hallo, Frau Löffler. Schiller hier. Frau Löffler, mein Sohn _____
heute nicht kommen.

b

◆ Das Wetter ist gut. Wir _____ den Ausflug machen.

○ Oh, toll. _____ du bitte Getränke mitbringen?

c

◆ Frau Zeiler, wir haben keinen Kaffee mehr.
_____ Sie bitte Kaffee kaufen?

○ Ja, gern.

d

◆ _____ ihr bitte Mehl und Zucker kaufen?
Dann _____ wir Pfannkuchen machen.

○ _____ wir Bananenpfannkuchen machen?

◆ Ja, _____ ihr dann auch noch Bananen vom Obstladen mitbringen?

A2 **3** Markieren Sie die Sätze und ergänzen Sie die Tabelle.

(ICHKANNHEUTEKEINEHAUSAUFGABENMACHEN)KÖNNENSIE
DASBITTEFRAUREIMSAGENKANNSTDUPETERWECKENWIR
KÖNNENDENNISMORGENNICHTTREFFENSIEKANNHEUTE
NICHTZUMARZTGEHENKÖNNTIHRAMWOCHENENDEKOMMEN

a	Ich	kann	heute keine Hausaufgaben	machen	.
b	–	Können			?
c					
d					
e					
f					

A3 **4** Hören Sie und ordnen Sie.

1 ▶ 61

◯ singen
◯ Wäsche waschen

◯ schwimmen
① Gitarre spielen

◯ Kuchen backen
◯ fotografieren

A3 **5** Schreiben Sie Sätze mit *können*.

a Olga – Gitarre spielen – ein bisschen
  Olga kann ein bisschen Gitarre spielen.

b Linda und Mara – singen – nicht

c Rasha und Adhurim – tanzen – sehr gut

d Wir – gut – malen

e Ich – ein bisschen – kochen

f Sergey – Fahrrad fahren – nicht gut

A3 **6** Schreiben Sie Gespräche mit *können*.

a du – Gitarre spielen – auch – ?
  ◆ Kannst du auch Gitarre spielen?
  aber ich – nein, – singen – gut – .
  ◦

b leider gar nicht gut – ich – kochen – .
  ◆
  sehr gut – aber Sie – Kuchen backen – .
  ◦

A3 **7 Freizeit**

a Was machen die Personen? Ergänzen Sie in der richtigen Form.

1

Samira _____.

3

Alba _____..

2

Ben _____

4

Jack und Ali _fahren Fahrrad_ .

b Wie gut können die Personen das? Ergänzen Sie.

1 ☺ ☺ _____
2 ☺ _____
3 ☺ _____
4 ☹ _Jack und Ali können nicht gut Fahrrad fahren._

A3 **8 Was können Sie gut / nicht so gut? Schreiben Sie.**

a ☺ ☺ _Ich_ _____
b ☺ _____
c ☺ _____
d ☹ _____

A3 **9 *sch*, *st* und *sp***

1 ▶ 62 **Phonetik**

a Hören Sie und sprechen Sie nach.

die **Sch**ule – die **St**adt – die Schweiz – die Straße – Entschuldigung, wie schreibt man das? – Meine Schwester spricht Spanisch.

1 ▶ 63 **b** Wo hören Sie *sch*? Hören Sie noch einmal und markieren Sie in a.

1 ▶ 64 **c** Hören Sie und schreiben Sie: *sch* oder *s*.

1 Gehen wir _s_ pazieren?
2 Wie _____ pät ist es?
3 Buch _____ tabieren Sie, bitte.
4 Das _____ meckt gut.
5 Er ist Fußball _____ pieler.
6 _____ prichst du _____ panisch?

B Ja, sie **will** den Mathetest **schreiben**.

B1 **10 Lesen Sie und markieren Sie die Formen von *wollen*.**
Ergänzen Sie dann die Tabelle.

◆ Machst du jetzt Hausaufgaben?
○ Nein, ich gehe jetzt zu Hanna. ==Wir wollen== für die Party
  einkaufen. Und dann gehen wir noch zu Luisa.
◆ Was wollt ihr denn bei Luisa machen?
○ Kuchen essen. Luisa will einen Kuchen backen.
◆ Und wann willst du die Hausaufgaben machen?
○ Ich will gar keine Hausaufgaben machen. Aber ich
  kann sie heute Abend machen.

ich	_____	wir	*wollen*
du	_____	ihr	_____
er/es/sie	_____	sie/Sie	wollen

B2 **11 Ergänzen Sie *wollen* in der richtigen Form.**

A

◆ Die Pizza ist super. _Willst_ du noch etwas?

B

◆ Gehst du bitte mit Struppi in den Park?
○ Er _____ aber nicht.

C

◆ _____ Sie schon gehen?
○ Ja, wir stehen morgen früh auf.
▲ Ich _____ aber noch nicht ins Bett.

D

◆ Mama, wir _____ etwas spielen.
○ Was _____ ihr denn spielen?

B3 **12 Was passt zusammen?**

a Finden Sie die passenden Ausdrücke und notieren Sie.

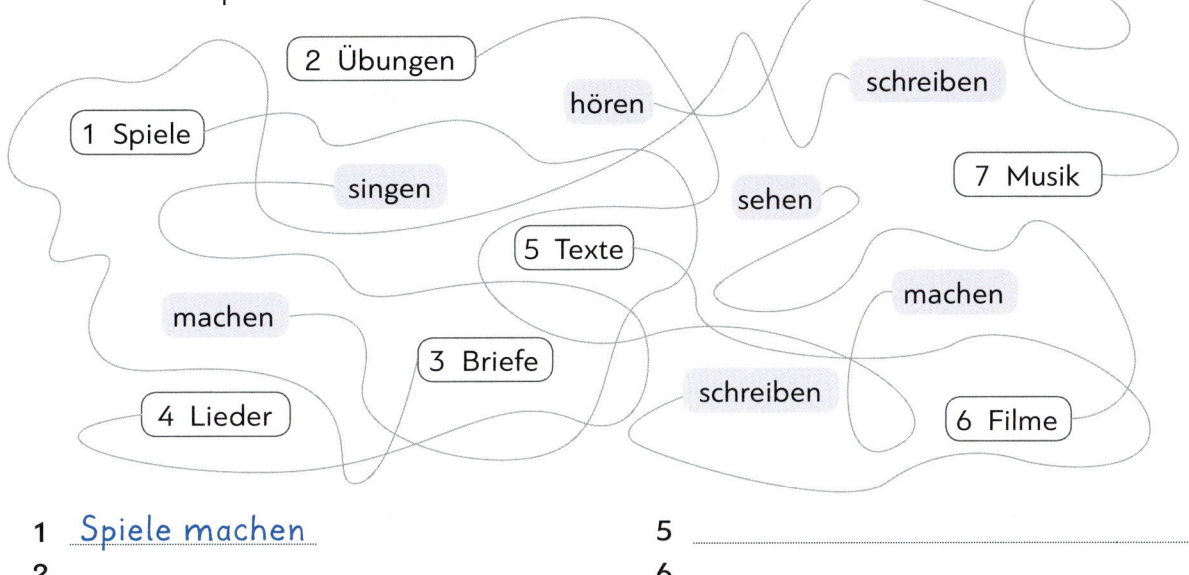

2 Übungen
1 Spiele
hören
schreiben
singen
7 Musik
sehen
5 Texte
machen
machen
3 Briefe
schreiben
4 Lieder
6 Filme

1 Spiele machen   5 ....
2 ....   6 ....
3 ....   7 ....
4 ....

b Schreiben Sie mit den Ausdrücken aus a Fragen und Sätze mit *wollen*.

1 Wir wollen Spiele machen .
2 Malo ....
3 .... ihr .... ?
4 Ich ....
5 .... du .... ?
6 Sina und Mina ....
7 Wir ....

B3 **13 Hören und schreiben: w, f, p**

1 ▶ 65   a Hören Sie und schreiben Sie.

Phonetik

1 Das F rühstück ist ....ertig.
2 Ich ....ill auf jeden ....all ....ünktlich sein.
3 ....ir sind ein ....rima Team!
4 ....eckst du bitte deine Sch............ester?
5 ....ir ....ollen heute ....äsche ....aschen.

1 ▶ 66   b Hören Sie noch einmal und sprechen Sie nach.

1 ▶ 67   c Hören Sie und schreiben Sie.

1 Wollt ihr einen ....sehen?
2 In meiner .... ich
   und ....
3 Ich .... lernen.
4 .... um .... ? Kein .... !

C Du **hast** nicht **gelernt**.

C2 **14** **Ordnen Sie zu.**

findet gegrillt gekocht gesucht nimmt trifft ~~trinkt~~ spricht

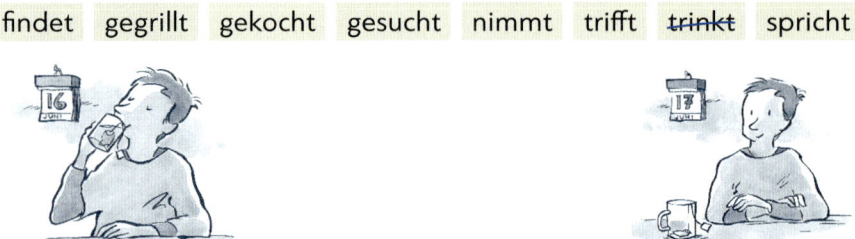

Paul ...

a _trinkt_ Tee.

b _____ einen Freund.

c kocht das Abendessen.

d grillt Würstchen.

e _____ mit Frau Müller.

f sucht eine Wohnung.

g _____ eine Wohnung.

h _____ gern das Fahrrad.

Paul hat ...

Tee getrunken.

einen Freund getroffen.

das Abendessen _____ .

Würstchen _____ .

mit Frau Müller gesprochen.

eine Wohnung _____ .

eine Wohnung gefunden.

gern das Fahrrad genommen.

C2 **15** **Verbinden Sie.**

a kosten   1 gewohnt
b wohnen   2 gesagt
c lesen   3 getroffen
d suchen   4 gelesen
e sagen   5 gekostet
f treffen   6 gesucht

C2 **16** **Was hast du gemacht?**

a Ergänzen Sie in der richtigen Form.

1 ich habe _gearbeitet_   (arbeiten)
2 du hast _____   (lernen)
3 er/es/sie hat _____ (trinken)
4 wir haben _____   (lesen)
5 ihr habt _____   (hören)
6 sie/Sie haben _____ (spielen)

b Ergänzen Sie mit den Wörtern aus a.

1 Ich _habe_ am Morgen viel _gearbeitet_ .
2 Wo _____ du Deutsch _____ ?
3 Nermin _____ viel Kaffee _____ .
4 Wir _____ den Text nicht _____ .
5 _____ ihr Musik _____ ?
6 Die Kinder _____ Fußball _____ .

C4 **17** Ergänzen Sie in der richtigen Form.

a **kaufen**

◆ Ich gehe einkaufen. Wir brauchen …

○ Aber ich _habe_ schon alles _gekauft_ .

b **lernen**

◆ Sprecht ihr Englisch?

○ Ja, wir _____ in der Schule Englisch _____ .

c **essen**

◆ Was wollen die Kinder heute essen?

○ Nichts. Sie _____ schon _____ .

d **sprechen**

◆ _____ du mit Linas Lehrerin _____ ?

○ Nein, noch nicht.

e **sehen**

◆ Wie geht es Mariam?

○ Ich weiß nicht. Ich _____ Mariam lange nicht _____ .

f **machen – lesen – üben**

◆ Was _____ ihr am Wochenende _____ ?

○ Nicht so viel. Wir _____ _____ und Mathe _____ .

C4 **18** Lesen Sie und markieren Sie die Sätze mit *haben*. Ergänzen Sie dann die Tabelle.

E-Mail senden

Hallo Lena,

hast Du meine E-Mail gelesen? Du hast lange nicht geschrieben. Hier ist
alles prima. Ich habe viel mit Paula gelernt. Wir haben am Morgen Englisch
geübt. Um 11 Uhr hat sie einen Test geschrieben. In Englisch bin ich gut.
Weißt Du noch? Wir haben immer zusammen Englisch gelernt. In Deutsch
bin ich leider nicht so gut! ;-) Und Du? Was hast Du gemacht?
Liebe Grüße, Sara

—	Hast	Du meine E-Mail	gelesen	?
Du	hast	lange nicht	geschrieben	.

C

C4 **19 Schreiben Sie die Sätze.**

a ihr – gestern – Was – habt – gemacht
   ◆ Was habt ihr gestern gemacht ?

b habe – Ich – am Vormittag – Deutsch gelernt
   ○ _____.

c Meine Frau – meine Kinder – haben – und – gespielt
   ○ _____.

d haben – Am Nachmittag – gemacht – wir – einen Ausflug
   ○ _____.

e das Abendessen – ich – gekocht – habe – Dann
   ○ _____.

f alle zusammen – gegessen – haben – wir – Dann
   ○ _____.

g einen Film – haben – wir – gesehen – Am Abend
   ○ _____: „Im Sommer".

h du – Hast – auch gesehen – den Film
   ○ _____?

C4 **20 Lesen Sie und schreiben Sie die Antwort.**

Was macht ihr am Sonntag?

Am Sonntag schlafen wir lange. Dann lese ich und ich lerne ein bisschen Deutsch. Jens hört Musik und backt einen Kuchen. Am Nachmittag machen wir Sport. Am Abend treffen wir Freunde.

◆ Was habt ihr am Sonntag gemacht?
○ Am Sonntag haben wir lange geschlafen.
   _____
   _____
   _____

C4 **21 Lesen Sie die E-Mail in 18 noch einmal und schreiben Sie die Antwort.**

E-Mail senden

Liebe Sara,
ja, ich habe _____ (Deine E-Mail lesen).
Ich _____ (viel arbeiten). Und ich _____
_____ (eine Wohnung suchen
und finden). Ich mache jetzt auch einen Kurs! Ich _____ (Spanisch
lernen). Im Sommer _____ (nach Spanien
fahren wollen). _____ Du nicht auch _____ (Spanisch
lernen wollen)? Das _____ (Spaß machen)!
Viele Grüße, Lena

D3 22 Ergänzen Sie.

a Ich _bin_ gestern nicht zum Deutschkurs gegangen.

b _____ du in die Sprachenschule gegangen?

c Er _____ nach Berlin gefahren.

d Wir _____ am Sonntag Fahrrad gefahren.

e Wann _____ ihr nach Deutschland gekommen?

f Sie _____ nicht pünktlich zum Termin gekommen.

D3 23 Ordnen Sie zu.

~~geschrieben~~ gefahren gegangen gegessen gekommen gelesen gesprochen

Hussein hat ...	Hussein ist ...
geschrieben	

D3 24 Ergänzen Sie *haben* oder *sein* in der richtigen Form.

◆ Du bist müde, oder? Was _hast_ du gestern gemacht?

○ Am Nachmittag _____ Maria gekommen
und wir _____ Skateboard gefahren.
Wir _____ bei Mario eine Pizza gegessen
und dann _____ wir nach Hause gefahren.
Wir _____ noch Hausaufgaben gemacht.
Um elf Uhr _____ Maria nach Hause
gegangen und ich _____ noch ein bisschen Musik gehört.

◆ _____ du wieder spät ins Bett gegangen?

○ Ja, aber morgen habe ich frei. Dann kann ich lange schlafen.

D3 25 Frau Wenzel und Herr Bah

1 ▶ 68   Hören Sie das Gespräch. Was ist richtig? Umkreisen Sie.

a Herr Bah ist (zwei Wochen) am Wochenende in Polen gewandert.

b Frau Wenzel ist noch nie nach Polen einmal nach Danzig gefahren.

c In Danzig hat es viel nicht geregnet.

d Herr Bah hat Danzig gut gefallen. nicht gesehen.

e Herr Bah hat heute frei. geht jetzt zur Arbeit.

D

D3 26 Was haben Urs und Tanja gemacht? Ergänzen Sie in der richtigen Form.

A

Urs und Tanja _sind_ früh nach Freiburg _gefahren_.

B

Sie _____ 20 Kilometer _____.

C

Dann _____ in ein Café _____.

D

Am Abend _____ schnell Lebensmittel _____.

E

zusammen _____.

F

schon um 20 Uhr ins Bett _____.

D3 27 Markieren Sie die Sätze und ergänzen Sie die Tabelle.

M E H M E T H A T L A N G E I N K Ö L N G E L E B T V H Q O W B V D A N N I S T E R
N A C H E N G L A N D G E G A N G E N N H S N J E T Z T W I L L E R W I E D E R I N
K Ö L N L E B E N A K N I O P E R K A N N D O R T E I N E G U T E A R B E I T F I N D E N

Mehmet	hat	lange in Köln	gelebt.

D3 28 Schreiben Sie die Sätze.

a Matej – am Samstag – Fahrrad gefahren – ist – 80 Kilometer
   Matej ist am Samstag 80 Kilometer Fahrrad gefahren.

b hat – 12 Stunden – geschlafen – Dann – er
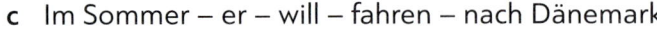

c Im Sommer – er – will – fahren – nach Dänemark

d kann – er – Dort – Fahrrad fahren – super

e will – 100 Kilometer – fahren – Er – jeden Tag

E1 **29** **Bilden Sie Wörter und ordnen Sie zu.**

Ergänzen Sie: *der – das – die.*

| ~~bad~~ | chen | Ein | ge | Grund | Jun | le | Mäd | richt | schu | ~~Schwimm~~ | ter | tritt | Un |

A

● das Schwimmbad

B

● ....

C

● ....

D

● ....

E

● ....

F

● ....

E4 **30** **Ordnen Sie die E-Mail.**

> E-Mail senden
>
> ③ Ich kann heute und morgen nicht zum Deutschunterricht kommen.
> ○ Liebe Frau Köhler,
> ○ meine Tochter ist krank.
> ○ Viele Grüße, Bogdana Ionescu
> ○ Am Donnerstag komme ich wieder zum Unterricht.

E4 **31** **Schreiben Sie an Ihre Kursleiterin / Ihren Kursleiter eine Nachricht.**

Prüfung Schreiben, Teil 2

a Lesen Sie die Fragen.

Warum schreiben Sie?
Warum können Sie nicht kommen?
Wann kommen Sie wieder?

b Markieren Sie die passenden Sätze und schreiben Sie die E-Mail. Schreiben Sie zu jedem Punkt einen Satz. Wählen Sie auch eine Anrede und einen Gruß.

Liebe Frau ...   Lieber Herr ...   Liebe ...   Lieber ...

heute   morgen   am Montag/Dienstag/...

nicht zum Unterricht   nicht zum Deutschkurs

ich bin krank   Kind ist krank

zum Arzt gehen   morgen / am Montag / ... wieder zum Unterricht kommen

Mit freundlichen Grüßen   Viele Grüße

Liebe Frau ...,

Test Lektion 7

1 **Was passt nicht? Streichen Sie.**

    a Fußball spielen – ~~Kuchen backen~~ – schwimmen – Fahrrad fahren

    b Diktate schreiben – Gitarre spielen – Lieder hören – tanzen

    c fotografieren – schlafen – malen – singen

    d Mathe üben – einen Test schreiben – Übungen machen – kochen

    e der Unterricht – der Arzt – die Klasse – die Schule

Wörter

_____ / 4 Punkte

🔴 0 – 2
🟡 3
🟢 4

2 **Ergänzen Sie *wollen* oder *können* in der richtigen Form.**

    ◆ Am Wochenende _____ (a) Nadja und ich schwimmen
    gehen. **Willst** (b) du mitkommen?

    ○ Gern. Aber ich _____ (c) gar nicht schwimmen.

    ◆ Das ist kein Problem. Das _____ (d) du lernen.

    ○ Okay. Wann _____ (e) ihr denn losfahren?

    ◆ Wir _____ (f) um 14.30 Uhr im Schwimmbad sein.

Grammatik

_____ / 5 Punkte

3 **Ergänzen Sie *sein* oder *haben* in der richtigen Form.**

    ◆ Was **hast** du am Sonntag **gemacht** (machen) (a)?

    ○ Ich _____ lange _____ (schlafen) (b).
    Dann _____ ich _____ (frühstücken) (c).
    Und am Nachmittag _____ ich zu Fred
    _____ (fahren) (d). Wir _____ Fußball
    _____ (spielen) (e).

_____ / 4 Punkte

🔴 0 – 4
🟡 5 – 7
🟢 8 – 9

4 **Ordnen Sie zu.**

    bin krank   bitte die Wäsche waschen   gern einen Tee trinken
    ~~heute nicht zum Deutschkurs kommen~~   komme morgen wieder
    zum Arzt gehen   gehe zum Arzt

    a ◆ Volkshochschule Bielefeld, Weidenfeller.
       ○ Guten Morgen, mein Name ist Schariati. Ich kann
         heute nicht zum Deutschkurs kommen (1).
         Ich _____ (2)
         und _____ (3).
         Ich _____ (4).
      ◆ Ja, gut. Danke.

    b ◆ Es geht mir nicht gut. Kannst du
        _____ (1)?
      ○ Ja. Willst du _____ (2)?
      ◆ Nein, aber ich möchte
        _____ (3).
      ○ Okay. Ich mache einen Tee.

Kommunikation

_____ / 6 Punkte

🔴 0 – 3
🟡 4
🟢 5 – 6

Anhang

Lernwortschatz

Meine Wörter im Kurs

an·sehen		Sehen Sie die Fotos an.
● das Bild, -er		Sehen Sie die Bilder an.
hören ▶		Hören Sie.
noch einmal		Hören Sie noch einmal.
ankreuzen ⊠		Kreuzen Sie an.
umkreisen		Umkreisen Sie.
ordnen		Ordnen Sie.
zuordnen		Ordnen Sie zu.
ergänzen		Ergänzen Sie.
machen		Machen Sie einen Film.
● der Kurs, -e		Im Kurs.
sprechen	Ich bin ...	Sprechen Sie im Kurs.
lesen		Lesen Sie.
● das Gespräch, -e		Lesen Sie die Gespräche.
spielen		Spielen Sie die Gespräche im Kurs.
suchen		Suchen Sie.
zeigen		Zeigen Sie.
fragen		Fragen Sie im Kurs.
markieren		Markieren Sie.
● die Frage, -n		Ergänzen Sie die Fragen.
nachsprechen		Hören Sie und sprechen Sie nach.
raten		Raten Sie.
● das Wort, ⁼er		Raten Sie Wörter.
● die Lektion, -en		Raten Sie Wörter aus der Lektion.
meinen		Was meinen Sie?
sagen		Was sagen die Personen?
notieren		Notieren Sie.
vergleichen		Vergleichen Sie.
schreiben		Schreiben Sie Gespräche.
variieren		Variieren Sie.
erzählen		Erzählen Sie.
arbeiten		Arbeiten Sie zu zweit.
zeichnen		Zeichnen Sie.
verbinden		Hören Sie und verbinden Sie.
● die Antwort, -en		Schreiben Sie Fragen und Antworten.
● die Aussage, -n		Hören Sie die Aussagen.
● das Beispiel, -e		Markieren Sie wie im Beispiel.

1 Guten Tag. Mein Name ist ...

FOTO-HÖRGESCHICHTE

2	ich		Ich komme aus Polen.
	kommen		Ich komme aus Polen.
	aus		Ich komme aus Polen.
	sprechen		Ich spreche Polnisch.
	ein bisschen		Ich spreche Polnisch und ein bisschen Englisch und Deutsch.
	● (das) Englisch		Ich spreche Polnisch und ein bisschen Englisch und Deutsch.
	und		Ich spreche Polnisch und ein bisschen Englisch und Deutsch.
	● (das) Deutsch		Ich spreche Polnisch und ein bisschen Englisch und Deutsch.
	Deutschland		Ich komme aus Deutschland.

A

A1	hallo		Hallo.
	auf Wiedersehen		Auf Wiedersehen.
	tschüs		Tschüs.
A2	● die Frau, -en		Guten Morgen, Frau Fleckenstein.
	danke		Oh, danke.
	● die Dame, -n		Guten Abend, meine Damen und Herren.
	● der Herr, -en		Guten Abend, meine Damen und Herren.
	willkommen		Willkommen bei „Musik international".
	bei		Willkommen bei „Musik international".
	● die Musik (Sg.)		Willkommen bei „Musik international".
	international		Willkommen bei „Musik international".
	● der Papa, -s		Nacht, Papa.

B

B1	heißen		Ich heiße Lara Nowak.
	● der Name, -n		Mein Name ist Walter.
	sein		Ich bin Lili.

Lernwortschatz

B1 ● die Entschuldigung, -en .... Entschuldigung, wie heißen Sie?

wie .... Entschuldigung, wie heißen Sie?

Sie .... Entschuldigung, wie heißen Sie?

herzlich .... Herzlich willkommen.

B2 ● das Gespräch, -e .... Spielen Sie das Gespräch mit Ihrem Namen.

B3 wer .... Wer ist das?

ja .... Ja, stimmt.

nein .... Nein.

C

C1 woher .... Woher kommen Sie, Frau Nowak?

du .... Und wer bist du?

Österreich .... Ich komme aus Österreich.

● die Schweiz .... Ich komme aus der Schweiz.

C2 aha .... Aha!

C3 was .... Was sprechen Sie, Frau Tufan?

● (das) Französisch .... Ich spreche ein bisschen Französisch.

● die Sprache, -n .... Sprachen: Arabisch, Bulgarisch, Deutsch, …

D

D1 ● der Buchstabe, -n .... Hören Sie und sprechen Sie die Buchstaben nach.

D2 Wie bitte? .... Wie bitte?

bitte .... Wie bitte?

buchstabieren `K–O–S–…` .... Buchstabieren Sie, bitte.

D3 ● die Firma, Firmen .... Firma Microlab, Valentina Schwarz, guten Tag.

da sein .... Ist Frau Bär da, bitte?

● der Moment, -e .... Einen Moment, bitte.

vielen Dank .... Vielen Dank.

auf Wiederhören .... Auf Wiederhören, Herr Kostadinov.

E

E1 ● der Vorname, -n .... Vorname: Amir

● der Familienname, -n .... Familienname/Nachname: El-Ahmar

● der Nachname, -n .... Familienname/Nachname: El-Ahmar

● die Straße, -n .... Straße, Hausnummer: Gartenstraße 12

● die Hausnummer, -n .... Straße, Hausnummer: Gartenstraße 12

• die Stadt, ⸚e	Stadt: Weßling
• das Land, ⸚er	Land: Deutschland
• die E-Mail, -s	E-Mail: a_el_ahmar@aon.de
• das Telefon, -e	Telefon: 08153-94 55 67
E2 • der Kurs, -e	Kurs: A1/1
E3 • die Anmeldung, -en	Kurs: A1/1 Deutsch als Fremd-sprache – Anmeldung
• die Postleitzahl, -en	Postleitzahl: 82234

TiPP
Lernen Sie Wörter in Gruppen.

Deutsch   Türkisch
Sprachen
Polnisch

Länder und Sprachen

Polen		Polnisch	• die Schweiz		Deutsch
• die Türkei		Türkisch	Rumänien		Rumänisch
Spanien		Spanisch	Syrien		Arabisch
Ungarn		Ungarisch	Bulgarien		Bulgarisch
Deutschland		Deutsch	Italien		Italienisch
Österreich		Deutsch	Griechenland		Griechisch

2 Meine Familie

FOTO-HÖRGESCHICHTE

1	lernen	Tim lernt auch Deutsch.
	auch	Tim lernt auch Deutsch.
	haben	Tim und Lara haben Pause.
	• die Pause, -n	Tim und Lara haben Pause.
	• der Park, -s	Tim und Lara lernen Deutsch im Park.
3	• die Familie, -n	Das ist meine Familie.
	• der Bruder, ⸚	Das ist Tims Bruder.
	• das Jahr, -e	Er ist 16 Jahre alt.
	• die Eltern (Pl.)	Das sind Tims Eltern.
	• die Mutter, ⸚	Tims Mutter und Tims Vater.

Lernwortschatz

	• der Vater, ⸚	Tims Mutter und Tims Vater.
	• die Großeltern (Pl.)	Das sind Laras Großeltern.

A

A1	super	Wie geht's? – Super.
	sehr	Wie geht's? – Sehr gut.
	gut	Wie geht's? – Gut.
	so	Wie geht's? – Nicht so gut.
A2	dir	Und wie geht es dir?
	ach	Ach, nicht so gut.

B

B1	• die Oma, -s	Meine Oma und mein Opa.
	• der Opa, -s	Meine Oma und mein Opa.
B2	• der Mann, ⸚er	Das ist mein Mann.
	• der Sohn, ⸚e	Das ist mein Sohn.
	• die Tochter, ⸚	Das ist meine Tochter.
	• das Kind, -er	Das sind meine Kinder.
	• die Schwester, -n	Das ist meine Schwester.
	• die Geschwister (Pl.)	Das sind meine Geschwister.
	• der Enkel, - /	Das ist mein Enkel. / Das ist meine Enkelin.
	• die Enkelin, -nen	
	• die Enkelkinder (Pl.)	Das sind meine Enkelkinder.
B3	• die Mama, -s	Mutter / Mama
	• das Ehepaar, -e	Ehepaar: Ehemann und Ehefrau
	• die Ehefrau, -en	Nein, das ist meine Ehefrau.
	• der Ehemann, ⸚er	Nein, das ist mein Ehemann.
	• die Großmutter, ⸚	Großmutter / Oma
	• der Großvater, ⸚	Großvater / Opa
B4	dein-	Wer ist das? Dein Bruder?
	mein-	Nein, das ist mein Vater.
B5	Ihr-	Wer ist das? Ihre Tochter?
	genau	Ja, genau.

C

C1	sie (Singular)	Sie kommt aus Polen.
	er	Er kommt aus Kanada.
	sie (Plural)	Sie leben jetzt in München.
	leben	Sie leben jetzt in München.
	jetzt	Sie leben jetzt in München.
	in	Sie leben jetzt in München.

C3
- der Freund, -e / .... Anna, das sind meine Freunde
  - die Freundin, -nen .... Sera und Mori.

denn .... Woher kommt ihr denn?

ihr .... Woher kommt ihr denn?

aber .... Aus Uganda, aber wir sind schon
lange in Deutschland.

wir .... Aus Uganda, aber wir sind schon
lange in Deutschland.

schon .... Aus Uganda, aber wir sind schon
lange in Deutschland.

lange .... Aus Uganda, aber wir sind schon
lange in Deutschland.

wohnen .... Wir wohnen hier in Berlin.

C5
- die Hauptstadt, ¨e .... Das ist die Hauptstadt von
  Österreich.

zusammen .... Wir wohnen schon lange zusammen.

- die Heimat, -en .... Heimatland: Deutschland

- der Wohnort, -e .... Wohnort: Wien

Nord- .... Das ist in Norddeutschland.

- der Lehrer, - / .... Meine Eltern sind Lehrer.
  - die Lehrerin, -nen

- der / • die Deutsche, ... Meine Mutter ist Deutsche.
  -n

Süd- .... München ist in Süddeutschland,
in Bayern.

D

D2
wo .... Wo sind Sie geboren?

geboren .... Wo sind Sie geboren?

- die Adresse, -n .... Wie ist Ihre Adresse?

- die Telefonnummer, ... Wie ist Ihre Telefonnummer?
  -n

- die Nummer, -n .... Wie ist Ihre Telefonnummer?

verheiratet .... Sind Sie verheiratet?

geschieden .... Nein, ich bin geschieden.

- der Geburtsort, -e .... Geburtsort: Madrid

- der Familienstand .... Familienstand: geschieden
  (Sg.)

ledig .... Familienstand: ledig

verwitwet .... Familienstand: verwitwet

Lernwortschatz

TiPP

Lernen Sie immer so:

ich spreche
du sprichst
er/sie spricht

Familienmitglieder

- der Bruder, ⸚
- die Schwester, -n
- die Mutter, ⸚
- der Vater, ⸚
- die Oma, -s
- der Opa, -s
- der Enkel, -
- der Sohn, ⸚e
- die Tochter, ⸚
- die Geschwister (Pl.)
- die Eltern (Pl.)
- die Enkelin, -nen
- die Großeltern (Pl.)

3 Einkaufen

FOTO-HÖRGESCHICHTE

1
- die Banane, -n · Sie brauchen Bananen.
- die Butter (Sg.) · Lara und Sofia haben Butter.
- das Ei, -er · Sie brauchen Eier.
- das Mehl (Sg.) · Lara und Sofia haben Mehl.
- die Milch (Sg.)
- der Zucker (Sg.) · Lara und Sofia haben Zucker.
- der Pfannkuchen, - · Möchtest du Pfannkuchen?
- die Schokolade (Sg.) · Haben Sie Schokolade?

2 brauchen · Sie brauchen Bananen.

kaufen · Lili kauft Bananen.

3
- der Hunger (Sg.) · Ich habe Hunger.

helfen · Kann ich dir helfen?

für · Danke für die Eier!

A

A1
- das Fleisch (Sg.) · Und haben Sie auch Fleisch?
- das Bier (Sg.) · Haben wir Bier?
- der Käse (Sg.) · Hast du Käse?
- das Salz (Sg.) · Haben Sie Salz?

	• der Pfeffer (Sg.)	Haben wir Pfeffer?
	• der Tee, -s	Haben wir Tee?
	• das Brot, -e	Und haben Sie auch Brote?
	• der Wein, -e	Und haben Sie auch Wein?
	• das Mineralwasser (Sg.)	Brauchen wir Mineralwasser?
	• der Reis (Sg.)	Brauchst du Reis?
	• der Fisch, -e	Hast du Fisch?
A2	natürlich	Ja, natürlich.
	leidtun	Nein, tut mir leid.
	• das Wasser (Sg.)	Haben Sie Wasser?

B

B1	• der Apfel, ⸚	Das ist ein Apfel.
	• die Orange, -n	Das ist eine Orange.
	• der Kuchen, -	Das ist ein Kuchen.
	• der Kaffee, -s	Das ist ein Kaffee.
	• der Saft, ⸚e	Das ist ein Saft.
	• das Brötchen, -	Das ist ein Brötchen.
	• das Würstchen, -	Das ist ein Würstchen.
	• die Birne, -n	Das ist eine Birne.
	• die Tomate, -n	Das ist eine Tomate.
	• die Kiwi, -s	Das ist eine Kiwi.
	auf Deutsch	Wie heißt das auf Deutsch?
	ein-	Das ist eine Orange.
B2	kein-	Das ist doch kein Ei.
B3	stimmen	Das stimmt!

C

C4	• das Regal, -e	Im Regal A sind drei Bananen.

D

D1	• der Cent, -s	Das kostet zwanzig Cent.
	• der Euro, -s	Das kostet ein Euro zehn.
D2	• die Dose, -n	Eine Dose Tomaten kostet 49 Cent.
	• die Packung, -en	Wie viel kostet eine Packung Tee?
	• der Becher, -	Ein Becher Joghurt kostet ...
	• die Flasche, -n	Was kostet eine Flasche Milch.
	• das Gramm (g) (Sg.)	Was kosten 100 Gramm Käse?
	Wie viel	Wie viel kostet ein Kilo Hackfleisch?
	kosten	Wie viel kostet ein Kilo Hackfleisch?

Lernwortschatz

- das Kilo(gramm) (kg) (Sg.) .... Wie viel kostet ein Kilo Hackfleisch?
- der Liter (l) (Sg.) .... Ein Liter Milch kostet 75 Cent.
- das Sonderangebot, -e .... Heute im Sonderangebot:
  4 Kiwis für 0,80 €!

★ ★
Sonderangebote
Brötchen 0,⁴⁵€ 0,³⁹€

- das Lebensmittel, - .... Lebensmittel: Milch, Brot, Eier, …
- das Hackfleisch (Sg.) .... Wie viel kostet ein Kilo Hackfleisch?
- die Wurst, ⸚e .... 100 Gramm Wurst kosten 2,29 €.
- der / ● das Joghurt, -s .... Was kostet ein Becher Joghurt?

E

E1
- die Kartoffel, -n .... Guten Tag, ich brauche Kartoffeln, bitte.
- der Verkäufer, - / .... Ich bin Verkäufer.
  - die Verkäuferin, -nen
- der Kunde, -n / .... Ich bin Kunde.
  - die Kundin, -nen
- möchten .... Wie viel möchten Sie denn?
- gern(e) .... Gern.
- noch .... Ich brauche auch noch Äpfel.
- sonst .... Sonst noch etwas?
- etwas .... Sonst noch etwas?
- all- .... Das ist alles.
- machen .... Das macht 5 Euro 90, bitte.

E2
- finden .... Wo finde ich …?
- die Zwiebel, -n .... Wo finde ich Zwiebeln?
- das Obst (Sg.) .... Im Obst- und Gemüseladen.
- das Gemüse (Sg.) .... Im Obst- und Gemüseladen.
- der Laden, ⸚ .... Im Obst- und Gemüseladen.

TIPP
Lernen Sie immer so:

ein Apfel – Äpfel
ein Ei – Eier

Lebensmittel

• die Schokolade (Sg.) • die Banane, -n • die Butter (Sg.) • das Ei, -er

• die Milch (Sg.) • das Brot, —e • der Fisch, -e • das Fleisch (Sg.)

• der Käse (Sg.) • der Apfel, ⸚ • die Birne, -n • das Brötchen, -

• der Kuchen, - • die Orange, -n • der Saft, ⸚e • der / • das Joghurt, -s

• die Kartoffel, -n • die Zwiebel, -n • die Tomate, -n • das Mineralwasser (Sg.)

4 Meine Wohnung

FOTO-HÖRGESCHICHTE

1 • die Wohnung, -en .... Sie sind in Laras Wohnung.

• die Lampe, -n .... Die Lampe ist alt.

alt .... Die Lampe ist alt.

neu .... Die Lampe ist neu.

• das Bad, ⸚er .... Das Bad ist klein.

groß .... Das Bad ist groß.

klein .... Das Bad ist klein.

• das Zimmer, - .... Laras Zimmer ist hell.

hell .... Laras Zimmer ist hell.

dunkel .... Laras Zimmer ist dunkel.

teuer .... Laras Zimmer ist teuer.

billig .... Laras Zimmer ist billig.

• die Küche, -n .... Die Küche ist schön.

schön .... Die Küche ist schön.

Lernwortschatz

	hässlich		Die Küche ist hässlich.
2	falsch		Ist das richtig oder falsch?
	kennen		Walter kennt Tim.

A

A1	● das Schlafzimmer, -		Hier ist das Schlafzimmer.
	● der Flur, -e		Hier ist der Flur.
	● das Kinderzimmer, -		Hier ist das Kinderzimmer.
	● die Toilette, -n		Die Toilette ist klein.
	● der Balkon, -e		Der Balkon ist schön.
	● das Wohnzimmer, -		Das Wohnzimmer ist hell.
	Traum-		Meine Traumwohnung hat drei Zimmer.
	der, das, die		● der Flur, ● das Bad, ● die Küche
A2	hier		Ist hier auch eine Küche?
	dort		Die Küche ist dort.

B

B1	es		Es kostet 150 Euro.
	finden		Wie findest du die Wohnung?
B2	nicht		Das Zimmer ist nicht groß.
	schmal		Zimmer A ist schmal.
	breit		Zimmer B ist nicht breit.
B3	● das Haus, ⸚er		Mein Haus ist sehr schmal.
	richtig		Ja, richtig.

C

C1	● die Möbel (Pl.)		Die Möbel sind sehr schön.
	● der Fernseher, -		Wie viel kostet der Fernseher?
	● der Schrank, ⸚e		Hier ist noch ein Schrank.
	● der Sessel, -		Der Sessel ist schön.
	● der Tisch, -e		Der Tisch ist sehr groß.
	● der Stuhl, ⸚e		Hier sind Stühle.
	● die Dusche, -n		In der Wohnung ist ein Bad mit Dusche.
	● das Bett, -en		Wo sind denn die Betten?
	● der Teppich, -e		Der Teppich ist schön.
	● der Herd, -e		Hier ist der Herd.
	● das Sofa, -s		Wie gefällt dir das Sofa?
	● der Kühlschrank, ⸚e		Wie gefällt dir der Kühlschrank?

	● die Waschmaschine, -n	Die Waschmaschine ist blau.
	● die Badewanne, -n	In der Wohnung ist ein Bad mit Badewanne.
	● das Waschbecken, -	Das Waschbecken ist klein.
C2	gefallen	Wie gefällt dir der Kühlschrank?
	● die Farbe, -n	Die Farbe ist sehr schön.
	modern	Sie sind sehr modern.
C3	schwarz	Meine Stühle sind schwarz.
	weiß	Mein Kühlschrank ist weiß.
	gelb	Der Teppich ist gelb.
	grün	Die Lampe ist grün.
	rot	Mein Kühlschrank ist rot.
	blau	Mein Kühlschrank ist blau.
	braun	Meine Stühle sind braun.
	grau	Mein Kühlschrank ist grau.

schwarz
grau
weiß
grün
braun
blau
rot
gelb

Farben

D

D3	● der Monat, -e	Was kostet sie im Monat?
	suchen	Sie suchen eine Wohnung?
	● der Garten, ⸚	3-Zimmer-Wohnung (80 m²) mit Garten 1000,– Euro.
	● der Kontakt, -e	Kontakt: 0176/14232
	circa (ca.)	2-Zimmer-Wohnung, ca. 60 m².
	● der Anruf, -e	Anruf bitte unter 08154 …
	vermieten	Vermiete Apartment.

Lernwortschatz

● das Apartment, -s .... Vermiete Apartment.

● der Quadratmeter .... Vermiete Apartment, 36 m²,
   (m²/qm), -   Wohnraum und Küche möbliert.

● der Raum, ⸚e .... Vermiete Apartment, 36 m²,
                                              Wohnraum und Küche möbliert.

möbliert .... Vermiete Apartment, Wohnraum
                                              und Küche möbliert.

● das TV, -s .... Vermiete Apartment, Wohnraum
                                              und Küche möbliert, TV,
                                              Kühlschrank etc.

warm .... 700 € warm.

privat .... von privat ...

inklusive (inkl.) .... Möblierte 1-Zimmer-Wohnung,
                                              33 m², inkl. Garage.

● die Garage, -n .... Möblierte 1-Zimmer-Wohnung,
                                              33 m², inkl. Garage.

● die Kaution, -en .... 3 Monatsmieten Kaution.

D4 mit .... Sie möchten eine Wohnung
                                              mit Balkon.

nur .... Sie möchten nur 600 bis 700 Euro
                                              Miete bezahlen.

bis .... Sie möchten nur 600 bis 700 Euro
                                              Miete bezahlen.

● die Miete, -n .... Sie möchten nur 600 bis 700 Euro
                                              Miete bezahlen.

bezahlen .... Sie möchten nur 600 bis 700 Euro
                                              Miete bezahlen.

E

E1 Welche ...? .... Welche Farbe hat der Tisch?

verkaufen .... Was verkaufen Sie?

E2 ● der Schreibtisch, -e .... Sie verkaufen einen Schreibtisch,
                                              richtig?

lang .... Er ist zwei Meter lang und
                                              60 Zentimeter breit.

● der Meter, - .... Er ist zwei Meter lang und
                                              60 Zentimeter breit.

● der Zentimeter, - .... Er ist zwei Meter lang und
                                              60 Zentimeter breit.

● die Information, -en .... Aber danke für die Information.

hoch .... Kühlschrank: 85 cm hoch.

● der Herd

● das Sofa, -s

● der Schreibtisch, -e

● der Sessel, -

● der Teppich, -e

● das Regal, -e

● die Lampe, -n

● der Tisch, -e

● der Stuhl, ⸚e

Möbel

5 Mein Tag

FOTO-HÖRGESCHICHTE

1	● die Präsentation, -en		Sie macht eine Präsentation.
2	frühstücken		Lara, Sofia und Lili frühstücken zusammen.
	ein·kaufen		Lara kauft ein.
	hören		Lara hört Musik.
	kochen		Lara kocht das Abendessen.
	spazieren gehen		Lara geht spazieren.
	auf·räumen		Lara räumt die Küche auf.
	auf·stehen		Lara steht um Viertel nach sieben auf.
3	oder		Lara geht am Nachmittag spazieren oder kauft ein.
	● das Essen (Sg.)		Lara kocht das Abendessen.
	● der Abend, -e		Sofia ist am Abend müde.
	müde		Sofia ist am Abend müde.
	an·rufen		Lara ruft am Abend die Familie an.

A

| A1 | früh | | Lara steht früh auf. |
| | ● der Supermarkt, ⸚e | | Sie kauft im Supermarkt ein. |

Lernwortschatz

	fern·sehen		Lara sieht heute fern.
	heute		Lara sieht heute fern.
A2	● die Arbeit, -en		Sofia geht zur Arbeit.
	gehen		Sofia geht zur Arbeit.
	arbeiten		Sofia arbeitet lange.
	spielen		Sofia spielt mit Lili.
	essen		Sofia isst mit Lara und Lili.
A4	● die Hausaufgabe, -n		Ich mache gern Hausaufgaben.
A5	● der Tag, -e		Mein Tag
	schauen		Schau mal, ich räume mein Zimmer auf.

B

B1	spät		Wie spät ist es jetzt?
	nach		Es ist zwanzig nach zwölf.
	halb		Es ist halb zwei.
	vor		Es ist zwanzig vor zwölf.
	● das Viertel, -		Es ist erst Viertel vor zwölf.
	● die Uhr, -en		Es ist ein Uhr.
	erst		Es ist erst Viertel vor zwölf.

C

C1	● der Montag, -e		Der Kurs ist von Montag bis Freitag.
	● der Dienstag, -e		Heute ist Dienstag.
	● der Mittwoch, -e		Heute ist Mittwoch.
	● der Donnerstag, -e		Heute ist Donnerstag.
	● der Freitag, -e		Der Kurs ist von Montag bis Freitag.
	● der Samstag, -e		Heute ist Samstag.
	● der Sonntag, -e		Heute ist Sonntag.
	● der Sonnabend, -e		Samstag: in Norddeutschland auch Sonnabend
C2	an·fangen		Der Deutschkurs fängt um halb drei an.
	von		Der Kurs ist von neun Uhr bis drei Uhr.
	von ... bis		Der Kurs ist von neun Uhr bis drei Uhr.
	frei		Lara hat am Freitag und am Wochenende frei.
	wann		Wann fängt der Kurs an?

	am		Lara hat am Freitag und am Wochenende frei.
	am Morgen/Montag/ ...		Lara hat am Freitag und am Wochenende frei.
	● das Wochenende, -n		Lara hat am Freitag und am Wochenende frei.
	am Wochenende		Lara hat am Freitag und am Wochenende frei.
C3	● die Party, -s		Ich mache am Freitag eine Party.
	um		Um wie viel Uhr fängt die Party denn an?
	● die Zeit (Sg.)		Hast du Zeit?
	viel		Um wie viel Uhr fängt die Party denn an?
C4	schlafen		Von wann bis wann schläfst du von Montag bis Freitag?
	● der Fußball, ⸚e		Wann spielst du Fußball?

D

D1	● der Mittag, -e		Am Mittag isst Robert Pizza.
	● der Morgen, -		Am Morgen trinkt Robert Kaffee.
	● der Nachmittag, -e		Am Nachmittag spielt er Computerspiele.
	● der Vormittag, -e		Am Vormittag macht er Sport.
	● die Nacht, ⸚e		In der Nacht chattet Robert.
D2	● der Sport (Sg.)		Am Vormittag macht er Sport.
	● die Pizza, Pizzen		Am Mittag isst Robert eine Pizza.
	● der Computer, -		Am Nachmittag spielt Robert Computerspiele.
	● das Spiel, -e		Am Nachmittag spielt Robert Computerspiele.
	● das Kino, -s		Am Abend geht er ins Kino.
	chatten		In der Nacht chattet Robert.
D3	trinken		Am Morgen trinkt Robert Kaffee.

E

E1	● der Kindergarten, ⸚		Der Kindergarten ist bis 17 Uhr geöffnet.
	● die Öffnungszeit, -en		Öffnungszeiten: Montag bis Freitag ...

Lernwortschatz

Elektro- .... Elektro Schuster – Ihr Elektrogeschäft mit Herz

● das Geschäft, -e .... Das Elektrogeschäft ist am Samstag
bis 13 Uhr geöffnet.

geöffnet .... Der Kindergarten ist bis 17 Uhr
geöffnet.

● die Praxis, Praxen .... Die Praxis schließt von Montag bis
Donnerstag um 16 Uhr 30.

schließen .... Die Praxis schließt von Montag bis
Donnerstag um 16 Uhr 30.

> **TiPP**
> Schreiben Sie Wörter
> als Reihe.

Montag
Dienstag
Mittwoch
...

Wochentage	Montag	Dienstag	Mittwoch	Donnerstag	Freitag	Samstag	Sonntag

6 Freizeit

FOTO-HÖRGESCHICHTE

1 ● der Auflug, ⸚e .... Lara, Lili, Sofia und Walter machen
einen Ausflug.

● das Auto, -s .... Sofia fährt gern Auto.
fahren .... Sofia fährt gern Auto.
wandern .... Lara, Lili, Sofia und Walter wandern.
● die Nachricht, -en .... Lara schreibt Tim eine Nachricht.
schreiben .... Lara schreibt Tim eine Nachricht.
Nachrichten schreiben .... Lara schreibt Tim eine Nachricht.

● das Picknick, -s .... Das Picknick ist super.

● die Gitarre, -n .... Walter spielt Gitarre.
telefonieren .... Tim telefoniert.
● die Sonne (Sg.) .... Die Sonne scheint.
scheinen .... Die Sonne scheint.

	regnen		Es regnet.
	• die Wolke, -n		Es gibt Wolken.
3	• das Wetter (Sg.)		Das Wetter ist nicht so schön.
	los (los·gehen)		Sie gehen los.
	vergessen		Sofia vergisst die Dose.
	mit·bringen		Tim bringt die Dose mit.
	• der Spaß (Sg.)		Alle haben Spaß.

A

A1	• das Grad (Sg.)		Es sind 25 Grad.
	windig		Es ist windig.
	kalt		Es ist kalt.
	schneien		Es schneit.
	bewölkt		Es ist bewölkt.
A2	• das Internet (Sg.)		Sehen Sie die Wetterberichte im Internet an.
	• der Wetterbericht, -e		Sehen Sie die Wetterberichte im Internet an.
	• der Norden (Sg.)		Im Norden und in der Mitte Deutschlands scheint heute die Sonne.
	• die Mitte (Sg.)		Im Norden und in der Mitte Deutschlands scheint heute die Sonne.
	• die Temperatur, -en		Die Temperaturen steigen auf 20 Grad.
	steigen		Die Temperaturen steigen auf 20 Grad.
	• der Süden (Sg.)		Im Süden ist es windig und nicht so warm.
	maximal		Maximal 17 Grad.
	sonnig		Morgen überall sonnig und Temperaturen um 23 Grad.
	überall		Morgen überall sonnig und Temperaturen um 23 Grad.
	• der Regen (Sg.)		Ich finde Regen gut.
	• der Schnee (Sg.)		Ich finde Schnee super.
	plus		Es sind plus acht Grad.
	minus		Es sind minus drei Grad.
	• der Osten (Sg.)		Im Osten scheint die Sonne.
	• der Westen (Sg.)		Im Westen scheint die Sonne.

Lernwortschatz

	ganz	....	Morgen ist es in ganz Deutschland warm.
	morgen	....	Morgen sind es maximal sieben Grad.
	• das Radio, -s	....	Im Radio kommt der Wetterbericht für morgen.
A3	• der Frühling, -	....	Im Frühling ist das Wetter nicht so gut.
	• der Sommer, -	....	Im Sommer ist das Wetter sehr gut.
	heiß	....	Es ist heiß.
	• der Herbst, -	....	Im Herbst ist das Wetter nicht so schön.
	• der Winter, -	....	Im Winter ist das Wetter schlecht.
	• die Gruppe, -n	....	Sprechen Sie in Gruppen.
	schlecht	....	Im Winter ist das Wetter schlecht.
	mögen	....	Ich mag Sonne!
	• der Wind, -e	....	Und ich finde Wind angenehm.
	angenehm	....	Und ich finde Wind angenehm.

B ....

B1	sagen	....	Sag mal, Sofia: Hast du den Käse?
	mal	....	Moment mal, wo ist denn der Käse?
	sehen	....	Ich habe den Käse, siehst du?
B3	• die Speisekarte, -n	....	Sehen Sie die Speisekarte an.
	• die Speise, -n	....	kleine Speisen: Currywurst, Pizza ...
	• der Hamburger, -	....	Ich möchte einen Hamburger.
	• die Portion, -en	....	Ich möchte eine Portion Pommes.
	• die Pommes frites (Pommes) (Pl.)	....	Ich möchte bitte Pommes und eine Currywurst.
	• der/• das Ketchup, -s	....	Ich möchte eine Portion Pommes mit Ketchup.
	• der Salat, -e	....	Ich möchte einen Salat mit Ei und Schinken.
	• der Schinken, -	....	Ich möchte einen Salat mit Ei und Schinken.
	• das Getränk, -e	....	Ich möchte ein Getränk.
	• die Cola, -s	....	Ich möchte eine Cola.

C

C1	doch		Haben wir den Käse nicht dabei? – Doch.
C2	nehmen		Hey, Lukas, nimmst du keine Currywurst?
	• das Eis (Sg.)		Ich möchte ein Eis.
C3	• der Hund, -e		Hast du keinen Hund?
	besuchen		Besuchst du nicht gern Freunde?
	• der Durst (Sg.)		Hast du keinen Durst?

D

D1	schwimmen		Ich schwimme gern.
	tanzen		Ich tanze gern.
	treffen		Und ich treffe gern meine Freunde.
	• das Fahrrad, ⸚er / • das Rad, ⸚er		Ich fahre nicht gern Fahrrad/Rad.
	fotografieren		Ich fotografiere gern.
	grillen		Ich grille gern.
D2	• das Hobby, -s		Was sind deine Hobbys?
	lesen		Meine Hobbys sind Kochen und Lesen.
	• der Krimi, -s		Ich finde Krimis interessant.
	interessant		Ich finde Krimis interessant.
	• der Film, -e		Ich sehe gern Filme.
D3	• das Alter (Sg.)		Alter: Ich bin 30.
	• die Freizeit (Sg.)		Freizeit: Ich spiele Gitarre und ich schwimme.
	Lieblings-		Lieblingsmusik: Gitarrenmusik
	wichtig		Das ist wichtig: Meine Familie, Basti … und gute Grillwürstchen!
	Grill-		Das ist wichtig: Meine Familie, Basti … und gute Grillwürstchen!
	besonder-/besonders		Ich habe ein ganz besonderes Hobby: Ich sammle Mützen.
	sammeln		Ich sammle Mützen.
	• die Mütze, -n		Ich habe ein ganz besonderes Hobby: Ich sammle Mützen.
	ander-		Andere Leute finden vielleicht Computerspiele toll.

Lernwortschatz

vielleicht	....	Andere Leute finden vielleicht Computerspiele toll.
toll	....	Andere Leute finden vielleicht Computerspiele toll oder sie machen Sport.
warum	....	Warum?
einfach	....	Ganz einfach: Ich liebe Mützen.
lieben	....	Ich liebe Mützen.
selbst	....	Ich mache alle meine Mützen selbst.
schnell	....	Das geht ganz schnell: Zack!
wieder	....	Und schon habe ich wieder eine.
leider	....	Das ist leider auch ein Problem.
● das Problem, -e	....	Das ist leider auch ein Problem.
● der Platz (Sg.)	....	Ich habe keinen Platz mehr im Schrank.
mehr	....	Ich habe keinen Platz mehr im Schrank.
dumm	....	Oh, wie dumm!
D4 ● das Buch, ⸚er 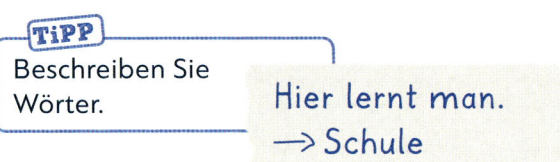	....	Mein Lieblingsbuch ist...

TiPP
Beschreiben Sie Wörter.

Hier lernt man.
⟶ Schule

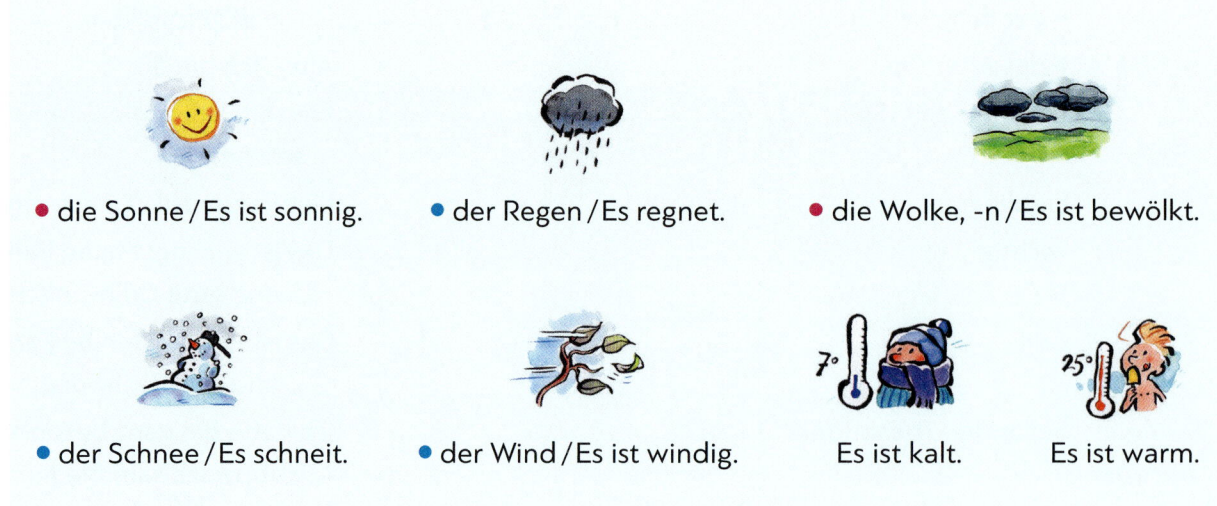

● die Sonne / Es ist sonnig.   ● der Regen / Es regnet.   ● die Wolke, -n / Es ist bewölkt.

● der Schnee / Es schneit.   ● der Wind / Es ist windig.   Es ist kalt.   Es ist warm.

Wetter

7 Kinder und Schule

FOTO-HÖRGESCHICHTE

1	wecken	Kannst du Lili wecken?
	● das Frühstück, -e	Das Frühstück ist fertig!
	fertig (sein)	Das Frühstück ist fertig!
	los sein	Was ist los?
	● der Bauch, ⁼e	Ich habe Bauchschmerzen!
	● der Schmerz, -en	Ich habe Bauchschmerzen!
	also	Ihr schreibt also einen Mathetest.
	● die Mathematik (Mathe) (Sg.)	Ihr schreibt also einen Mathetest.
	● der Test, -s	Ihr schreibt also einen Mathetest.
	pünktlich	Sie ist um Viertel nach zehn pünktlich da.
	jed-	Sie will auf jeden Fall noch zum Deutschkurs kommen.
	auf keinen / jeden Fall	Sie will auf jeden Fall noch zum Deutschkurs kommen.
	glauben (i. S. v. vermuten)	Ich glaube, ich habe alles richtig gemacht.
3	nach Hause	Am Nachmittag kommt Lili nach Hause und sagt: „Alles richtig!"
	● die Lösung, -en	Die Lösung: Lara macht einen Tee und lernt mit Lili Mathe.
	prima	Wir sind ein prima Team!
	● das Team, -s	Wir sind ein prima Team!
	● die Schule, -n	Lili hat Bauchschmerzen und kann nicht in die Schule gehen.
	● die Sprachenschule, -n	Lili ruft in der Sprachenschule an und sagt: „Lara kommt erst um halb elf."

A

A1	können	Kannst du Lili wecken?
A2	krank	Ich bin krank.
	● die Wäsche (Sg.)	Ich kann nicht Wäsche waschen.
	waschen	Ich kann nicht Wäsche waschen.
	● der Arzt, ⁼e	Ich kann nicht mit Jonas zum Arzt gehen.

Lernwortschatz

A3	gar		Ich kann gar nicht schwimmen.
	singen		Wer kann gut singen?
	malen		Wer kann gut malen?
	backen		Wer kann sehr gut Kuchen backen?
	B		
B1	wollen		Ich will nicht zu spät kommen.
	endlich		Willst du nicht endlich aufstehen?
B3	üben		Ich will Grammatik üben.
	● der Text, -e		Ich will Texte lesen.
	● die Übung, -en		Ich will Übungen machen.
	● das Lied, -er		Ich will Lieder singen.
	● das Spiel, -e		Ich will Spiele spielen.
	● der Brief, -e		Ich will Briefe schreiben.
	● das Diktat, -e		Ich will Diktate schreiben.
	C		
C4	gestern		Hast du gestern Abend Hausaufgaben gemacht?
	D		
D1	● der Termin, -e		Und dein Termin heute Morgen, Sofia?
D2	schade		Schade!
D3	● der Kilometer, -		Bist du schon einmal 50 Kilometer Fahrrad gefahren?
	einmal		Bist du schon einmal 50 Kilometer Fahrrad gefahren?
	● die Stunde, -n		Hast du schon einmal 16 Stunden geschlafen.
	E		
E1	lieb-		Liebe Eltern der Klasse 4a, am Freitag, den 26.06., ist kein Unterricht!
	● der Unterricht (Sg.)		Lieber Eltern der Klasse 4a, am Freitag, den 26.06., ist kein Unterricht!

- das Mädchen, - .... Ich möchte mit den Mädchen und Jungen der Klasse 4a einen Ausflug ins Schwimmbad nach Verden machen.

- der Junge, -n .... Ich möchte mit den Mädchen und Jungen der Klasse 4a einen Ausflug ins Schwimmbad nach Verden machen.

- die Klasse, -n .... Ich möchte mit den Mädchen und Jungen der Klasse 4a einen Ausflug ins Schwimmbad nach Verden machen.

- das Schwimmbad, ¨er .... Ich möchte mit den Mädchen und Jungen der Klasse 4a einen Ausflug ins Schwimmbad nach Verden machen.

- der Eintritt (Sg.) .... Der Eintritt kostet 3,50 Euro.

los·fahren .... Wir fahren um 8 Uhr los und kommen um ca. 14 Uhr wieder zurück.

zurück·kommen .... Wir fahren um 8 Uhr los und kommen um ca. 14 Uhr wieder zurück.

- der Gruß, ¨e .... Mit freundlichen Grüßen Marianne Ohler

- die Grundschule, -n .... www.martini-grundschule.de

E2   mit·kommen .... Jonas kann heute zum Ausflug mitkommen.

E4   - der Anrufbeantworter, - .... Sprechen Sie auf den Anrufbeantworter der Schule.

TiPP
Lernen Sie die Wörter zusammen.

Gitarre spielen
Fahrrad fahren

Lernwortschatz

tanzen

Gitarre spielen

wandern

Fahrrad fahren

grillen

schwimmen

Freunde treffen

backen

malen

Ski fahren

Tennis spielen

Grammatikübersicht

Nomen

Singular und Plural   Lektion 3

Singular	Plural
• ein Apfel	• Äpfel
• ein Kuchen	• Kuchen
• ein Brot	• Brote
• ein Ei	• Eier
• eine Banane	• Bananen
• eine Kiwi	• Kiwis

ÜG 1.02

Artikelwörter und Pronomen

Possessivartikel: *mein/e, dein/e, Ihr/e*   Lektion 2

maskulin	neutral	feminin	Plural
mein Bruder	mein Kind	meine Mutter	meine Geschwister
dein Bruder	dein Kind	deine Mutter	deine Geschwister
Ihr Bruder	Ihr Kind	Ihre Mutter	Ihre Geschwister

Das ist ☥ meine Mutter.

Das sind ☥☥ meine Großeltern.

ÜG 2.04

Personalpronomen: *er, sie, sie*   Lektion 2, 4

Tim	→	er
Lara	→	sie
Lara und Tim	→	sie

	Wo ist …	
Singular	• der Balkon?	Er ist dort.
	• das Bad?	Es ist dort.
	• die Küche?	Sie ist dort.
	Wo sind …	
Plural	• die Kinder-zimmer?	Sie sind dort.

ÜG 3.01

Definiter Artikel   Lektion 4, 6

• ein Balkon	→ • der Balkon
• ein Bad	→ • das Bad
• eine Küche	→ • die Küche

• der Kühlschrank		Schränke
• das Sofa	→ • die	Sofas
• die Lampe		Lampen

	Nominativ	Akkusativ
	Wo ist/sind …	Ich habe …
Singular	• der Käse?	• den Käse.
	• das Fleisch?	• das Fleisch.
	• die Milch?	• die Milch.
Plural	• die Würstchen?	• die Würstchen.

ÜG 2.01, 2.02

Grammatikübersicht

Indefiniter Artikel   Lektion 3, 6

	Nominativ	Akkusativ
	Ist/Sind das …	Ich möchte …
Singular	• **ein** Saft?	• **einen** Saft.
	• **ein** Wasser?	• **ein** Wasser.
	• **eine** Cola?	• **eine** Cola.
Plural	• – Säfte?	• – Säfte.

ÜG 2.01, 2.02

Negativartikel   Lektion 3, 6

	Nominativ	Akkusativ
	Das ist/sind …	Ich habe …
Singular	• **kein** Saft.	• **keinen** Saft.
	• **kein** Wasser.	• **kein** Wasser.
	• **keine** Cola.	• **keine** Cola.
Plural	• **keine** Säfte.	• **keine** Säfte.

ÜG 2.03

Verben

Konjugation   Lektion 1, 2, 5, 6

	leben*	heißen	arbeiten
ich	leb**e**	heiß**e**	arbeit**e**
du	leb**st**	heiß**t**	arbeit**est**
er/sie	leb**t**	heiß**t**	arbeit**et**
wir	leb**en**	heiß**en**	arbeit**en**
ihr	leb**t**	heiß**t**	arbeit**et**
sie/Sie	leb**en**	heiß**en**	arbeit**en**

*auch so: wohnen, lernen, kommen …

ÜG 5.01

	sein	haben
ich	**bin**	hab**e**
du	**bist**	**hast**
er/sie	**ist**	**hat**
wir	**sind**	hab**en**
ihr	**seid**	**habt**
sie/Sie	**sind**	hab**en**

ÜG 5.01

	sprechen	schlafen	lesen	nehmen
ich	sprech**e**	schlafe	lese	nehme
du	spr**i**chst	schl**ä**fst	liest	n**imm**st
er/sie	spr**i**cht	schl**ä**ft	liest	n**imm**t
wir	sprech**en**	schlafen	lesen	nehmen
ihr	sprech**t**	schlaft	lest	nehmt
sie/Sie	sprech**en**	schlafen	lesen	nehmen

*auch so: essen, treffen, fahren …

ÜG 5.01

	anfangen	fernsehen
ich	fange an	sehe fern
du	fängst an	siehst fern
er/sie	fängt an	sieht fern
wir	fangen an	sehen fern
ihr	fangt an	seht fern
sie/Sie	fangen an	sehen fern

ÜG 5.01, 5.02

Trennbare Verben   Lektion 5

auf✂räumen	→	Ich räume auf.
auf✂stehen	→	Lara steht auf.
ein✂kaufen	→	Lara kauft ein.

auch so: anrufen (ruft an),   **ÜG** 5.02
fernsehen (sieht fern), anfangen (fängt an)

Modalverben: *möchten, können* und *wollen*   Lektion 3, 7

	möchten	können	wollen
ich	möchte	**kann**	**will**
du	möchtest	kannst	willst
er/sie	möchte	**kann**	**will**
wir	möchten	können	wollen
ihr	möchtet	könnt	wollt
sie/Sie	möchten	können	wollen

ÜG 5.09, 5.10

Perfekt mit *haben*   Lektion 7

		haben + ge ... t
lernen	er lernt	er hat gelernt
machen	er macht	er hat gemacht

		haben + ge ... en
treffen	er trifft	er hat getroffen
trinken	er trinkt	er hat getrunken
sprechen	er spricht	er hat gesprochen
schreiben	er schreibt	er hat geschrieben

ÜG 5.03

Perfekt mit *sein*   Lektion 7

		sein + ge ... en (• → •)
gehen	ich gehe	ich bin gegangen
kommen	er kommt	er ist gekommen

ÜG 5.04

Grammatikübersicht

Präpositionen

Temporale Präpositionen   Lektion 5

Wann gehen Sie zum Deutschkurs?	
am Vormittag *aber:* in der Nacht	Tageszeit
am Montag von Montag bis Freitag	Tag
um halb drei um Viertel vor/nach acht von neun bis drei (Uhr)	Uhrzeit

ÜG 6.01

Negation

kein/keine   Lektion 4

	Hier ist	• kein Flur.
Singular	Hier ist	• kein Bad.
	Hier ist	• keine Küche.
Plural	Hier sind	• keine Möbel.

ÜG 2.03, 9.01

nicht   Lektion 4

Das Zimmer ist nicht groß.
Walter wohnt nicht hier.

ÜG 9.01

Sätze

Aussage   Lektion 1

	Position 2	
Mein Name	ist	Walter.
Ich	bin	Lili.
Ich	komme	aus Deutschland.
Du	sprichst	gut Deutsch.

ÜG 10.01

Verb: Position im Hauptsatz   Lektion 5

	Position 2		
Robert	trinkt	*am Morgen*	Kaffee.
Am Morgen	trinkt	Robert	Kaffee.

ÜG 10.01

W-Frage   Lektion 1

	Position 2	
Wer	ist	das?
Wie	heißen	Sie?
Woher	kommen	Sie?
Was	sprechen	Sie?

ÜG 10.03

Ja-/Nein-Frage   Lektion 3

Frage			Antwort
Position 1			
Haben	Sie	Eier?	Ja.
Hast	du	Käse?	Nein.

ÜG 10.03

Ja-/Nein-Frage und W-Frage   Lektion 3

Frage			Antwort
	Position 2		
Was	kostet	eine Flasche Milch?	78 Cent.
Möchtest	du	Pfann- kuchen?	Ja./Nein.

ÜG 10.03

Trennbare Verben im Satz   Lektion 5

	Position 2		Ende
Ich	räume	mein Zimmer	auf.
Lara	steht	früh	auf.
Lara	kauft	im Supermarkt	ein.
Stehst	du	gern früh	auf?

ÜG 10.02

Modalverb im Satz   Lektion 7

	Position 2		Ende
Ich	kann	nicht	einkaufen.
Sie	will	nicht zu spät	kommen.
Kannst	du	im Supermarkt	einkaufen?

ÜG 10.02

Perfekt im Satz   Lektion 7

	Position 2		Ende
Lara	hat	Tee	gemacht.
Hast	du	Hausaufgaben	gemacht?
Ich	bin	spazieren	gegangen.
Bist	du	pünktlich	gekommen?

ÜG 10.02

ja-/Nein-Frage: *Ja – nein – doch*   Lektion 6

Frage	Antwort	
Möchtest du ein Würstchen?	Ja.	Nein.
Haben wir den Käse nicht dabei?	Doch.	Nein.
Hast du keinen Hunger mehr?	Doch.	Nein.

ÜG 10.03

Lösungen zu den Tests

Lektion 1

1 **b** Guten Morgen **c** Guten Abend **d** Auf Wiedersehen **e** Tschüs **f** Gute Nacht

2 **b** Woher **c** was **d** Wer

3 **b** heißt **c** heiße **d** komme **e** sprichst **f** spreche

4 **a** Entschuldigung **b** Ich buchstabiere **c** danke **d** Einen Moment **e** Tut mir leid

Lektion 2

1 **a** Mutter **b** Bruder, Schwester **c** Sohn, Tochter **d** Großvater/Opa, Großmutter/Oma

2 **b** geboren **c** Hauptstadt **d** verheiratet **e** Frau

3 **a** kommt, Er, Sie, mein, heißt **b** sind, kommen, ihr, bin, ist, hat, deine

4 **a** Wie geht es dir **b** Sehr gut **c** Das ist **d** Wie geht es Ihnen **e** Gut, danke

Lektion 3

1 **a** Kartoffeln **b** Flaschen Mineralwasser **c** Becher Joghurt

2 **b** Kaufst du bitte Brot **c** Brauchen wir Orangen **d** Was brauchen wir **e** Möchtest du Tee **f** Wie viel möchtest du

3 **b** ein, Kuchen **c** eine, Kartoffeln **d** eine, Kiwis **e** ein, Eier **f** ein, Brote

4 **b** Was kosten **c** hundert Gramm Wurst **d** Ja, bitte **e** Das ist alles

Lektion 4

1 **b** alt **c** hässlich **d** schmal **e** dunkel **f** groß

2 **Zimmer**: das Schlafzimmer, das Wohnzimmer **Möbel**: der Schreibtisch, die Badewanne, der Sessel

3 **b** die Schlafzimmer **c** die Wohnzimmer **d** die Schreibtische **e** die Badewannen **f** die Sessel

4 **b** Er **c** Es **d** sie **e** Sie

5 **b** nicht, keine **c** kein

6 **b** 4 **c** 1 **d** 2

Lektion 5

1 **b** der Mittag **c** der Abend **d** die Nacht

2 **b** 4 **c** 1 **d** 6 **e** 2 **f** 5

3 **b** frühstückt, räumt ... auf **c** arbeitet **d** isst, schläft

4 **b** Von ... bis **c** von ... bis **d** Am **e** Am, Um

5 4, 1, 3, 2, 6, 5

Lektion 6

1 **Wetter und Jahreszeiten**: Sommer, Winter, Wolke, Temperatur
Freizeit: grillen, Ausflug, Hobby, tanzen

2 **b** keinen, keine **c** eine, einen **d** -

3 **a** den, Im **b** Im **c** Der, Im

4 **b** Doch **c** Ja **d** Nein

5 **b** 1 **c** 5 **d** 3 **e** 2

Lektion 7

1 **b** Diktate schreiben **c** schlafen **d** kochen **e** der Arzt

2 **a** wollen **c** kann **d** kannst **e** wollt **f** wollen

3 **b** habe, geschlafen **c** habe, gefrühstückt **d** bin, gefahren **e** haben, gespielt

4 **a** 2 bin krank 3 gehe zum Arzt 4 komme morgen wieder **b** 5 bitte die Wäsche waschen 6 zum Arzt gehen 7 gern einen Tee trinken

Quellenverzeichnis

Cover: Bernhard Haselbeck, München

S. 13: B3: A Manuel Neuer © ImageBROKER RM; B Angela Merkel © iStock/EdStock; C © Thinkstock/Getty Images; D Sebastian Vettel © Glow Images/MICHAEL KOLVENBACH

S. 15: C4 links: Florian Bachmeier, Schliersee

S. 16: D3: Frau © Thinkstock/iStockphoto/nyul; Mann © Thinkstock/Wavebreakmedia

S. 17: E2 © iStockphoto/krie

S. 19: Video: Kraus Film, München

S. 21: Film: Kraus Film, München

S. 22: Ben: Franz Specht, Weßling; Familie © Thinkstock/iStock/Andrea McLean

S. 23: Paar © fotolia/goodluz; Ben: Franz Specht, Weßling; Familie © Thinkstock/iStock/Andrea McLean

S. 24: A1.b: Hueber Verlag/Gisela Specht

S. 25: Kopfzeile: Ben: Franz Specht, Weßling; B1: Familie © Thinkstock/iStock/Andrea McLean

S. 26: B4 © Getty Images/filadendron//Todor Tsvetkov

S. 27: Kopfzeile Familie © Thinkstock/iStock/Andrea McLean; C2: Cheng © iStockphoto/bo1982; Owusa © Thinkstock/Photodisc/Ryan McVay; Navid © Thinkstock/iStock/XiXinXing

S. 28: C5.a: Notizzettel © Thinkstock/iStock/Peshkova; Windrose © fotolia/Ruediger Rau; A © Thinkstock/Hemera; B © Thinkstock/Stockbyte/Jupiterimages; C © fotolia/Yuri Arcurs; D © Thinkstock/iStock/Dmitry Maslov; b: Buch © Thinkstock/iStock/udovichenko; Karte © Digital Wisdom

S. 31: Video: Kraus Film, München

S. 32: Film: Kraus Film, München

S. 36: A1: 1 © fotolia/Carmen Steiner; 2 © fotolia/Okea; 3 © Thinkstock/iStock/Frans Rombout; 4 © Thinkstock/iStock/deyangeorgiev; 5 © Thinkstock/iStock/Dejan Ristovski; 6 © Thinkstock/iStock/Evgeny Karandaev; 7 © Hueber Verlag, München; 8 © fotolia/Luminis; 9 © Thinkstock/iStock/karandaev; 10 © Thinkstock/iStock/etienne voss; 11 © Thinkstock/iStockphoto; 12 © fotolia/Olga Patrina; 13 © Thinkstock/iStock/wabeno

S. 37: B2: Ei © Thinkstock/iStock/GooDween123; Tomate © fotolia/Zbigniew Kosmal; Brot © Thinkstock/iStock/red2000; Orange © Thinkstock/iStock/Nomadsoul1; Birne © Thinkstock/iStock/nitrub; Bananen © Bildunion/Martina Berg

S. 40: D2a: Dose, Jogurt: Zacharias Papadopoulos; D2b: Orangen © Thinkstock/iStock/Peter Zijlstra; Brot © Thinkstock/iStock/Gitanna; Käse © fotolia/Elena Schweitzer; Wurst © Thinkstock/iStock/aarrows; Hackfleisch © Thinkstock/iStock/Reinhold Tscherwitschke; Kuchen © Thinkstock/iStock/Inga Nielsen; Sahne © fotolia/Fotofermer; Kaffee © Thinkstock/Hemera; Schokolade © Thinkstock/iStock/kuppa_rock; Butter © fotolia/seite3; Dose © Thinkstock/iStock/Lightstar59; Tee © Thinkstock/iStock/Александр Перепелица; Milch © fotolia/seen; Eier © Thinkstock/iStock/LeventKonuk; Saft © fotolia/Apart Foto; Reis © Thinkstock/iStock/NLAURIA; Wasser © Thinkstock/iStock/Hyrma

S. 41: E1: a: Gisela Specht; b © PantherMedia/Peter Bernik; E2 © Thinkstock/iStock/AlenaRozova

S. 43: Kuchen © Thinkstock/iStock/Inga Nielsen

S. 44: Gemüse © Thinkstock/iStock; Film: Kraus Film, München

S. 45: Tortilla © Thinkstock/iStock/Ramonespelt; Zwiebel © Thinkstock/iStock/AlenaRozova; Salzstreuer © Thinkstock/iStock/perysty

S. 49: B2: A © Thinkstock/iStock/yuriz; B © Thinkstock/iStock/KatarzynaBialasiewicz

S. 50: 1: schwaz © iStock/domin_domin; orange © Thinkstock/Hemera/Margo Harrison; 2 © Thinkstock/Photodisc/Ryan McVay; 3 links © iStockphoto; 3 rechts © fotolia/studio; 4 © Thinkstock/iStock/Baloncici; 5 © Thinkstock/Hemera/Simon Krzic; 6 © iStock/llexImage; 7 © iStockphoto/perets; 8 © Thinkstock/iStock/Malsveta; 9 © Thinkstock/iStock/annikishkin; 10 © Thinkstock/iStock/tiler84; 11 orange © Thinkstock/iStock/Baloncici; blau © iStockphoto/3dimentii; 12 © Thinkstock/iStock/SirichaiAkkarapat; 13 © Thinkstock/iStock/Oleksiy Mark; 14 © fotolia/Ericos; 15, 16 © Thinkstock/iStock/Maksym Bondarchuk;

S. 51: C2: 1 © Thinkstock/iStock/Oleksiy Mark; 2 © Thinkstock/iStock/Baloncici; 3 © iStock/domin_domin; 4 links © iStockphoto; 4 rechts © fotolia/studio

S. 53: E1: Mann © Thinkstock/iStock/Decent-Exposure-Photography; Frau © Thinkstock/Getty Images/Jupiterimages

S. 55: Video: Kraus Film, München

S. 56: Ü1: oben © Thinkstock/iStock; unten © Thinkstock/Fuse

S. 57: 2 Fotos: Kraus Film, München

S. 62: Foto Uhr © iStockphoto/mevans

S. 63: C3 © Thinkstock/Stockbyte; Uhr © iStockphoto/mevans

S. 67: © Thinkstock/Stockbyte; Video: Kraus Film, München

S. 68: Franz Specht, Weßling

S. 69: Alle: Kraus Film, München

S. 72: A2: 2 © Thinkstock/iStock/Wonderfulpixel; Windrose © fotolia/Ruediger Rau

S. 76: D1: A © Thinkstock/Fuse; B © Thinkstock/iStock/soleg; C © Thinkstock/iStock/dulezidar; D © Thinkstock/iStock/kissenbo; E © fotolia/Gregg Dunnett; F © iStockphoto/small_frog; G © Thinkstock/Comstock; H © iStockphoto/MIenny Photography

S. 77: D3: Berhan © Thinkstock/iStock/Pierrette Guertin; Janina © Thinkstock/iStock/Jowita Stachowiak; Mützen © Thinkstock/iSTock/bbbrrn

S. 79: Video: Kraus Film, München

S. 80: Film: Kraus Film, München

S. 85: B2: A © Thinkstock/iStock/monkeybusinessimages; B © Thinkstock/Comstock; C © Thinkstock/iStock/XiFotos; D © iStockphoto/Steve Cole

S. 89: E1 © Thinkstock/iStock/Jani Bryson; E3 von links: © fotolia/Rofeld/Hempelmann; © Photographee.eu - stock.adobe.com

S. 91: Video: Kraus Film, München

S. 92: Film: Kraus Film, München

S. 93: Ü1: A © vladimirfloyd - stock.adobe.com; B © Kimberrywood - stock.adobe.com

S. 97: A © Thinkstock/iStock/monkeybusinessimages; B © Thinkstock/Jupiterimages; C © Thinkstock/iStock/BakiBG

S. 100: Karim © iStockphoto/poco_bw; Heidi © Thinkstock/Photodisc; Jan © Thinkstock/iStock/gehringj